L'EUROPE
Et ses descriptions
Par
P. du Val *Geographe du Roy*

Auec priuilege de sa Majesté

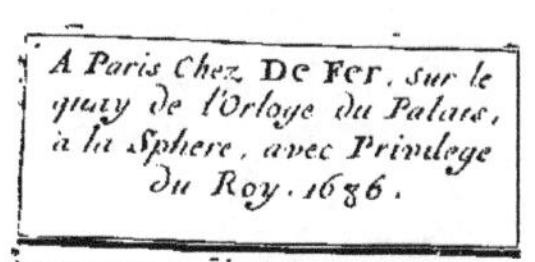
A Paris Chez De Fer, *sur le quay de l'Orloge du Palais, à la Sphere, avec Privilege du Roy. 1686.*

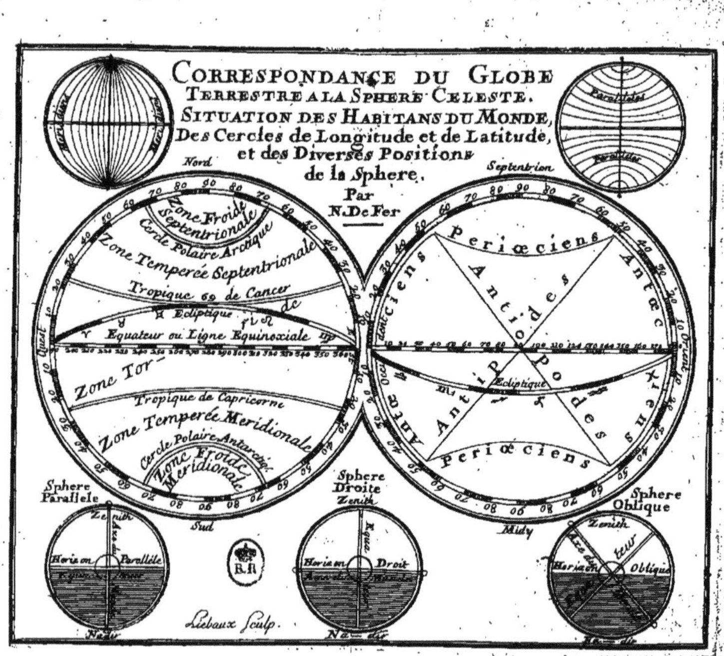

Correspondance du Globe Terrestre a la Sphere Celeste.
Situation des Habitans du Monde,
Des Cercles de Longitude et de Latitude,
et des Diverses Positions
de la Sphere.
Par
N. De Fer
Meridiens
Paralleles
Nord
Zone Froide Septentrionale
Cercle Polaire Arctique
Zone Temperée Septentrionale
Tropique de Cancer
Ecliptique
Equateur ou Ligne Equinoxiale
Ouest
Zone Torride
Tropique de Capricorne
Zone Temperée Meridionale
Cercle Polaire Antarctique
Zone Froide Meridionale
Sud
Septentrion
Periœciens
Antœciens
Antipodes
Orient
Occident
Ecliptique
Midy
Sphere Parallele
Zenith
Horizon
Parallele
Nadir
Sphere Droite
Zenith
Horizon
Droit
Sphere Oblique
Zenith
Horizon
Oblique
R.R
Liebaux sculp.

SOLI DEO HONOR ET GLORIA
EX LIBRIS R.P.
PLACIDI A
S.TA HELENA AUG. DISC. GAL.
REGIS
GEOGRAPHI.
Ex Deo
In Coeli et Terra

LE MONDE.

Le Monde est un Assemblage de Cieux et d'Elements et de ce qui s'y rencontre. la Terre et l'Eau en occupent le milieu autour de ces deux Elements est la Region de l'Air et puis celle du Feu. Il y a ensuitte 12 Cieux dont la disposition peut estre aisement connuë par la consideration des peaux d'un ognon. Ces 12 Cieux sont en cet ordre a cōmencer du costé du Centre. la Lune, Mercure, Venus, le Soleil, Mars, Iupiter, Saturne, qui sont les sept planetes ou Estoiles Errantes ; le Firmament, le Ciel Cristalin, le second Ciel Cristallin ou secon mobile, le premier mobile et le Ciel Empiré. Ce denombrement est suiuant l'opinion de Ptolomée car il y a deux autres principaux Systemes ou suppositions, celle de Copernic et celle de Tycho-Brahé : la premier met le Soleil au centre et fait tourner la Terre auec les autres Elements de mesme que nous voions marcher le Soleil. Tycho Brahé a fait voir que le Soleil estoit au cētre de Mercure, de Venus, de Mars, de Iupiter et de Saturne ; que la Terre seule estoit le Centre de la Lune, du Soleil, et du Firmament et que les Cieux estoient un Air du tout espuré ou les Estoilles gardoient le mouuement cōme les oiseaux dans l'Air

Par le S.r du Val Geog. du Roy.

et les Poissons dans la Mer, bien qu'auec plus de regularité la plus part des Modernes suiuent l'une ou l'autre de ces 2 opinions, les plus Subtils embrassent celle de Copernic, suiuant la prem. que nous auons mis en auant, la Lune fait son tour en un mois qui est plus petit que l'ordinaire ; Mercure, Venus, le Soleil enuiron en un An. Mars y emploie a plus pres 2 Ans. Iupiter 12 et Saturne 30 : je dis a plus pres car il faut estre parfait Astrologue pour supputer exactement toutes ces marches. le Firmament et le Christallin y sont des milliers d'années. Celuici est ainsi appellé a cause de sa couleur qui a proche de celle du Cristal ; il fait son tour d'Occident en Orient, le Firmament fait le sien de Midi au Septentrion, le premier mobile fait son tour en vingt et quatre heures d'Orient en Occident. le Ciel Empiré est ainsi appellé a cause de sa lumiere et splendeur, il est le Siege des bien-heureux, estimé Immobile : ō l'appelle Ciel du Ciel, terre des Viuants, troisie. Ciel il ne nous est pas visible, c'est pourquoi on ne peut dire s'il est rond ou quarré. Saturne, Iupiter et Mars sont les 3 Planetes Superieurs : Venus et Mercure sont les inferieurs. le Soleil et la Lune sont appellé Grands Luminaires.

LE MONDE *et sa disposition suiuant Ptolomée.*

de Fer Excu Auec Priuilege du Roy

LES SIGNES

Les Signes sont des Constellations ou des Assemblages d'Estoilles appellés par les Grecs Asterismes. Les Estoilles sont de deux principales sortes. Il y en a de Fixes et il y en a d'Errantes. Celles ci sont les Planetes en nombre de sept Les Estoilles Fixes sont ainsi appellées par ce qu'elles gardent toujours entr'elles vn mesme Ordre et vne mesme Distance. Il y a en a de connues et plusieurs Inconnues. Les Estoilles connües sont de Six ou Sept Grand.rs On en conte 1022 Sous quarante-huit Constell.s Tycho-Brahé en a de Nouueau decouuert Cent Galilée a aussi reconnu quatre Petits Planetes autour de Iupiter la Voye Lactée et deux petites Nues vers le Pole Antarctique augmentent de mesme le nombre des Constellations. Toutes ces Estoilles Fixes sont dãs le Ciel que lón appele Firmament. Il y a 21 Signes en sa partie Septentrionale 15 en sa Meridionale et 12 dans le Zodiac qui est le Cercle ou Espace sous lequel va le Soleil. Les Signes en la partie Septen.le du Ciel, sont la petite Ourse, la Gr. Ourse, le Dragõ le Cephée, le Boote ou Bouuier, la Courõne Septen.le l'Hercule, la Lyre, le Cygne, Cassiopée, Persée, le Chartier, l'Aigle, le Dauphin, la Fleche, le Serpẽtier, le Serpent, le petit Cheual, Pegase, Andromede, le Triangle. Les Signes en la Partie Meridionale sont la Baleine, Orion, l'Eridan, le Lieure, le gr. Chien, Procyon ou l'auant Chien, le Nauire Argon, l'Hydre, le Vase le Corbeau, le Centaure, la

Par le Sr du Val Geogr du Roy

Beste Sauuage, l'Autel, la Couronne Meridionale, le Poisson Austral. Voici les Signes sous le Zodiac. le Belier, le Taureau, les Iumeaux, l'Escreuisse, le Lyon, la Vierge, la Balance le Scorpion, le Sagittaire, le Capricorne, le Verseau et les Poissons. Les douze Premiers sont vers le Septent. et les 12 autres vers le Midi. Le Soleil fait ses demarches sous les trois premiers Signes pendant le Printemps en Mars, en Auril, et en May sous les trois suiuants pendant l'Esté en Iuin, en Iuillet, et en Aoust, sous trois autres pendant l'Autonne en Septembre, en Octobre, et en Nouembre, sous les trois derniers pendant l'Hiuer en Decembre, en Ianuier et en Feurier. Ces Signes qui se trouuent sous le Zodiac sont de deux sortes selon leurs assiettes, Ascendans comme le Capricorne, le Verseau, les Poissõs, le Belier, le Taureau et les Iumeaux. les six autres Signes sont appellés Descendants. Les Astrologues qui font influer les Astres sur le Corps Humain sõt la Teste sujete au Belier, le Col au Taureau, les Bras et les Mains aux Iumeaux, la Poitrine a l'Ecreuisse, le Cœur au Lyon, les Entrailles a la Vierge, les Reins a la Balance, les Testicules au Scorpion, les Cuisses au Sagittaire, les Genouils au Capricorne, les Iambes au Verseau, et les Pieds aux Poissons.

de Fer Excu auec Priuilege du Roy 2

LA MAPPEMONDE.

La Mappemonde ou Planisphere Terrestre, est une Imitation du Globe faite sur le Papier ou en semblable surface. Ell'a deux Hemispheres l'un Superieur et Oriental, l'autre Inferieur et Occidental les nōs de Sphere, de Globe et de Boule sont Synonimes c'est adire ils signifient la mesme chose. celui de Sphere est Grec. celui de Globe est Latin, et celui de Boule Francois. Il y a en la Mappemonde plusieurs points et plusieurs lignes ou Cercles correspondants a ceux de la Surface Interieure du Ciel appellé Firmament. Les Astrologues et les Geographes les ont inventés pour mieux representer l'estat du Ciel et de la Terre On y voit principalement des Poles, des Cercles des Zones des Degrés, et des Regions. les Poles sont deux, l'un Arctique et l'autre Antarctique, le premier dans le Haut, le second dans le bas de la Carte. les Cercles sont de deux sortes Grands et Petits, les Grāds Cercles sont l'Equateur ou Ligne Equinoctiale qui se trouve dans le milieu, le Meridien qui va d'un Pole a l'autre. le Zodiac et l'Horison sont plus aisément connus dans le Globe Outre le premier Meridien qui borne les deux Hemispheres, toutes ces Lignes qui sont tirées du Septemtrion au Midi sont appellées Meridiens. Les petits Cercles sont le Tropique de Cancer, le Tropique de Capricorne, le Cercle du Pole Arctique. le Cercle du Pole Antarctique.

Par le Sr du Val Geogr. du Roy.

Les Zones sont les Espaces contenus entre les Petits Cercles Elles sont cinq en nombre, une Zone Torride dans le milieu, deux Zones Temperées, celles qui sōt proche et deux Zones Froides vers les Poles. Les Degrés sont en nombre de 360 Ceux de Longitude sōt marqués sur la Ligne Equinoctiale en allant d'Occident en Orient ceux de Latitude sur les deux Lignes de droite et de gauche a conter depuis la Ligne Equinoctiale vers chacun des Poles. Il y a 4 Regions, Septemtrion. Midi. Orient. Occident; le Septemtriō est toujours dans le Haut des Cartes Voila ce que l'on trouve sur la Carte universelle dans la correspōdance du Ciel. Si on considere les assiettes et les Bornes des principales parties de la Terre on y trouvera 2 grands Continents outre les, Terres qui sont aux environs de l'un et de l'autre Pole. l'un de ces Continents consiste en trois grandes Parties. Afrique. Asie et Europe. l'Amerique presque seule occupe l'autre Continent Les Terres Polaires sont de deux sortes. Arctiques et Antarctiques.

de Fer Excu Avec Privilege du Roy 3

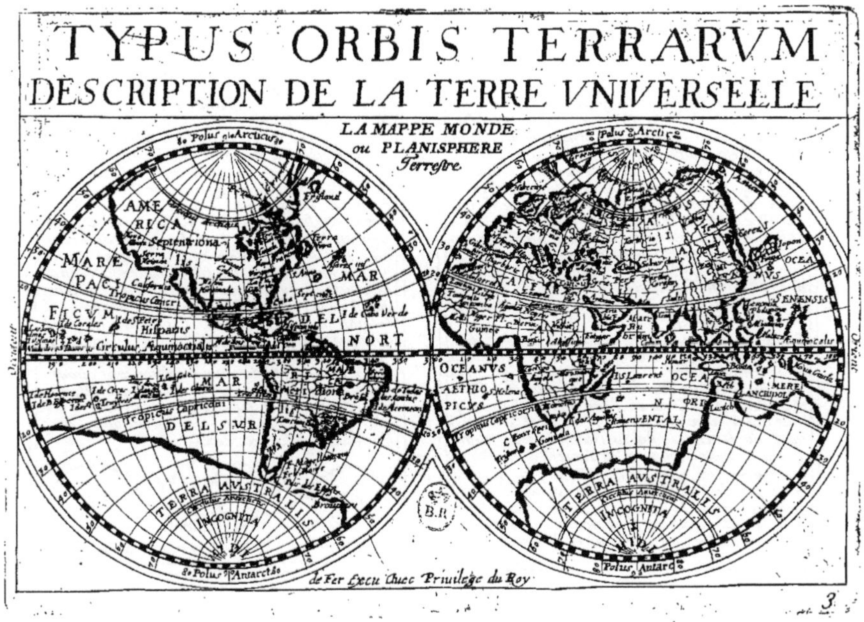

TYPUS ORBIS TERRARVM
DESCRIPTION DE LA TERRE VNIVERSELLE

LA MAPPE MONDE
ou PLANISPHERE
Terrestre

AMERICA Septentrionalis

MARE PACIFICUM

MAR DEL NORT

MAR DEL SVR

OCEANUS AETHIOPICUS

OCEANUS ORIENTAL

TERRA AVSTRALIS INCOGNITA

Tropicus Cancri

Circulus Æquinoctialis

Tropicus Capricorni

de Fer Excu Auec Priuilege du Roy

EVROPE.

Il nous importe peu de sçauoir d'où est venu le nom d'Europe, la connoissance de sa figure nous est pareillement peu necessaire. Il est plus a propos de dire qu'elle a du costé du Septentrion la Mer Septentrionale ou Glaciale ; la Mer Occidentale ou Atlantique vers le couchant toutes deux parties du grand Ocean : Vers le Midi la Mer Mediterranée qui la separe de l'Afrique, et vers le Leuant les Bornes ci dessous mentionnés au moien desquels ell'est separée de l'Asie. 1 l'Archipel ou Mer Blanche autrefois Mer Egée. 2. le Destroit de Gallipoli ou des Dardanelles autrement bras de S George et autr. Hellespont. 3. la Mer de Marmora autref Propontide. 4. le Destroit de Constantinople ou Canal de la Mer Majeure autref. Bosphore de Thrace. 5 la Mer Noire. et Majeure autref Pont Euxin. le nom de Noire est venu des Naufrages et des Pyrateries qui s'y font et non de sa couleur 6. le Destroit de Caffa ou de Vospero autremt Bouche de St. Jean et autref. Bosphore Cimmerien. 7. les Marais Meotides ou Mer de Zabaque et de Tana 8. la Riuiere de Dom ou Tana autref. Tanais. 9. vne Ligne tirée du recourbemement plus Oriental du Dom jusqu'a la Mer Oceane. Cette assiette se trouue toute en la Zone Temperée : et l'Europe est bien assurement la plus considerable partie de l'Vniuers, si on considere non sa grandeur mais la beauté la force, et la politesse de ses Estats. trois de ses Roiaumes sont vers le Couchant, Espagne, Portugal et France : l'Italie, l'Alemagne et d'autres Pais dans le milieu obeissent a plusieurs Souuerains. les Roiaumes de Danemarq et de Suede, sont vers le Septentrion. Il y a trois grands Estats vers le Leuãt la Pologne. la Russie ou Moscouie et la Turquie qui comprend la Grece et auec laquelle on peut faire passer la Hongrie. quelques pais Tributaires et la petite Tartarie qui est son Alliée. les Capitalles Villes de ces Estats sont Lisbone en Portugal, Madrid en Espagne, Paris en France, Rome en Italie, Vienne en Alemagne, Copenhaguen en Danemarq, Stokolm en Suede, Cracouie en Pologne, Mosców en Moscouie, et Constantinople en Turquie. les Isles sont en l'Ocean cõe la grand-Bretagne qui comprend l'Angleterre ou est Londres et l'Escosse ou est Edimbourg. l'Irlande ou est Dublin. les Isles de la Mer Mediterranée sont Sicile ou est Palerme ; Candie auec vne ville de mesme nom, Sardaigne ou est Calari et Corse ou est Bastie. Nous connoissons pour principales Montagnes de l'Europe les Pyrenées vers l'Espagne et les Alpes vers l'Italie. Ses plus grandes Riuieres sont la Volgue, le Danube, le Rhin, et autres.

de Fer Excu Auec Priuilege du Roy 9

Septentrion
Nouvelle Description de LEVROPE
GROENLANDE
Vogelhoeck
Nieulant
NOVV ZEMBLE
Mer Glacialle
Cercle Artique
TARTARIE
OCEAN
DEVCALONIQVE
MER
ATLANTIQVE
Frisland
Fero
Rocol
Irlande
Brasil
Noort Zee
RVSSIE
Mosco
LITVA
Podolie
PARTIE D'ASIE
Mer Caspie
Armenie
Chaldar
ALEMAGNE
FRANCE
ESPAGNE
C.Finisterre
Porto
Madere
C.S.Vincent
Gibraltar
Isles des Canarie
Taradante
Pont Euxin ou Mer Maieur
Sardaigne
Sicile
Moree
Candie
Cypre
MER MEDITERRANEE
PARTIE D'AFRIQVE
Lieues d'Almag.

ANGLETERRE &c.

Les Isles Britaniques, sont au Septemtrion de la France, au Couchant des Pays bas, de Danemarq, et de la Noruege; elles consiste en deux grandes et en plusieurs petites, la Grande-Bretagne et l'Irlande sont les deux grandes, les petites Isles sont en la Mer descosse comme les Hebudes les Orcades et Shetlant, En la Mer d'Irlande côme Anglesey, la Mer Britanique vulgairement le Manche côme Vuigt Garnezay et Jarzay ces deux dernieres proche de la France, Autrefois la Grand Bretagne fut cônue sous le Nom d'albion acause des Rochers blancs qui se trouuent le long de ses Costes. Elle comprend les deux Royaumes d'Angleterre et descosse dont la possession a dôné suget au Roy Iacques VI de se dire Roy de la Grand-Bretagne, bien que les Anglois nen fussent pas bien côtens, leur Nom estant par ce moien moins fameux. l'Angleterre a esté ainsi appellee par les Anglois qui auparauant ont demeuré en alemagne et alaide des Saxons ont conquis tout ce pais hormis Galles qui se trouue en la partie Occidentale et qui est lappennage des premiers nais des Roys de la grand Bretagne. On transporte dangleterre le

Par de Sr du Val. Geog du Roy:

meilleur Estain quil se voie, plusieurs autres metaux des laines, des Draps, des Cuirs et dautres deurees. On y conte 51 Comtes quils appellent Shires ou Seigneuries, la Ville de Londres est la capitale de tout lestat, lune des plus grandes et des plus Riches de leurope acause de son grand commerce. les autres Villes sont York Brystol, Cantorbery, Oxford, Cambrige &c.

L'Escosse occupe la partie Septemtrionale de la Grand Bretagne, Elle a eu ce nom des anciens peuple Scots Edimbour en est la Ville capitale, Aberdon S. Andre, Glascou, Sterlin sont en suitte les meilleurs villes.

l'Irlande est vne Isle particuliere et qui tient lieu parmi les plus grandes du Monde aussi bien que la grand Bretagne. Elle a Dublin Capitale, Vaterford Limerik, Galluay, Drodagh &c.

Tous ces pais formêt l'Estat du Roy de la Grand Bretagne mais aujourdhuy Ils sont 3 Republiques sous la protection de Milord Cromuel.

de Fer excud auec Priuilege du Roy

ANGLE TERRE ECOSSE et Irlande
DEU CALE DONIOVS
OCEAN
Hebrides
OCEAN
OCCIDEN
TAL
Milliers d'Angleterre
10 20 30 40 50
NORWEGIÆ PARS
Orcades I
OCEAN
GERMANI
QVE
Hibernicum
Ocean
Brittannique
GALLIAE PARS
Scheitlant ol Hitlant
Aberdon
Barray
S. Andres
Dunbar
Barwick
Bamburg
Warkwick
Newcastle
Philay bridge
Flamber head
Heiligelant
Texel
Leyden
Middelbort
Calex
Amiens
Diepe
Roan
Bremen
Falmonth
The Syllyes
Lesard
Start.p
Wicht
Padston
Dingle
Valetia
Dowlogh

ANGLETERRE

Eschelles

48 Milles d'Angleterre

24 Lieues communes de France

ESCOSSE
Douglas
Kirkoubrie
Banuick
Newcastle
Tyn
Hexham
Carlisle
Cumberland
Appleby
Egremond
Kendal
Durham
Richemont
Scarborough
York
Beuerlei
Lancaster
Kirkon
Halifax
Hull
Humber R.
Leuerpol
NORT-HUMBRIE
MER
Man I.
Rushin
D'IRLANDE
IRLANDE
OCEANE
Anglesei Isle
Beaumaris
S. Asaph
Bangor
Caernarvon
Flint
Chester
Bakewel
Nottingham
Darbi
Lincole
Grimsby
Newark
Boston
Stafford
Lichefeld
Leicester
Brateri
Shrewsbury
Balo
Merionith
Pulhele
Mongomeri
MERCIE
Couentre
Varuick
NorthHampton
Huntington
Kingstun
Yermout
Norwich
Ell
EAST-ANGLIE
Ipswich
Cambrigd
Belford
Abervistuith
Radnor
Norcester
Euesholm
Buckingham
ESSEX
Hartford
Colcester
Malden
MER
GALLES
S. Dauids
Breknock
Hereford
Caermarden
Pembrok
Landaf
Monmouth
Seuerne R.
Glocester
Barklei
Oxford
Tamise R.
Redding
Londres
Tamise R.
Manche St George ou de Bristol
Bristol
Bathe
Ramsburi
Windsor
Hamptoncourt
Rochester
Cantorburie
Ilfarcombe
Barnstable
Brighwater
Wells
WEST-SEX
Ambesburi
Salisburi
Vinchester
SUSSEX
KENT
Douvres
la Rye
Tauton
Vimborn
Sout
Hamton
Chichester
Line
Dorcester
Portsmouth
Lanceston
Bodman
Excester
Foye
Plimouth
Cornouaille
Newport
St. Helene
Isle de WIGH
Pas de Calais
LA MANCHE ou le CANAL

15 16 17 18 19 20 21 22

56 55 54 53 52 51

ESCOSSE
Eschelles
24. Lieues communs de France
ISLES SHET-LAND
Burg
MER D'ESCOSSE
MER
ISLES ORCADES
Kirkewalt
OCEANE
ISLES HEBUDES
ou de L'OVEST
autrement INCHGALLES
Skie
Vst
Arois
Mula
Ila
Dunrobin
Dorno
Chanouri
Strom
Inner Onrass
Elgin
Rothenaie
Vgie
V. Abordon
No. Abordon
Brochin
Dunkeld
Athole
Portigré
S. Ions-tou
Abornoti
S. Andre
Sterling
Dumbartoun
Glaskou
Litquo
Edimbourg
Hadington
Dunbar
Douglas
Duns
Tweede
Racburg
Harlai
Dumfres
ANGLETERRE
Neucastel
IRLANDE

IRLANDE

Eschelle de 24 Lieues communes de France

4. 8. 12. 16. 20. 24.

VLTONIE
Rabo
Derry
Colran
Knocfergus
Contener
Belfast
Donghal
Clogher
Dromore
Doun
Armagh
Arglas
Dindrom
Carlingford
Slego
Mayo
Kilmore
Dundalk
Ardée
Drogdagh
CONNACIE
Ardagh
MEDIE
Dublin
Galway
Clonfert
Nash
Kildare
LAGENIE
Vvklo
Killalo
Tomam
Clare
Catherlagh
Glendelo
Arklo
Limerik
Kilkeny
Laghlin
Cashel
Rosse
Ardart
Emelie
Clonmel
Waterford
Weisford
MOMMONIE
Dingle
Kilmalok
Lismore
Corke
Doneckine
Clonc
Youghal
Kinsale
Ardes
Rosse
MER OCEANE
MER D'IRLANDE
ESCOSSE
I. Man
I. Anglesey
ANGLETERRE
GALLES
Manche St. George
WEST-SEX
Les Sorlingues

9 10 11 12 13 14 15 16
11 12 13 14 15 16
50 55 54 53 52 51
56 55 54 53 52 51

NORVEGE.

La Noruege est vn Roiaume Hereditaire des appartenances du Roy de Danemarq. elle occupe la partie Occidentale de la presqu'Isle de Scādinauie. elle est pleine de Bois et de forests d'ou lon tire des Mats, des antennes, des aix et autres bois On en transporte aussi du suif, de la gresse de baleine, et du poissons en quantité. la coste a peu de bons ports a cause du grand nombre de ses Roches vn gouffre nommé Maestrom y engloutit les vaisseaux. la ville de Berg est la plus marchande auec vn asses bon port. Drontheim est la metropolitaine autrefois le sejour des Rois: elle a les restes d'vne des plus belles Eglises de tout le Septentrion. le chāu de Vardhus est en la partie la plus Septentrionale du Roiaume; les vaisseāux qui passent en son voisinage pour Moscouie sont obligés d'y paier tribut.

SVEDE

La Suede a pour voisins les Estats de Danemarq, de Moscouie, et de Pologne. elle est separée de l'Alemagne par la Mer Baltique. l'Estat y est Monarchique et Hereditaire. Autrefois et

Par le Sr. du Val Geog. du Roy.

de nostre temps les habitans ont donné des preuues de leur valeur. les Lacs et les Golphes y sont plus considerables que les Riuieres: le cōmerce ne s'y fait guere que sur les costes. on considere sous le nom de Suede: la Gotie, la Suede propre, la Laponie, la Finlandie, l'Ingrie et la Liuonie. la ville de Stokolme est la capitale de tout le Roiaume le sejour plus ordinaire du Roy. elle s'est beaucoup enrichie depuis les guerres d'Alemagne; son seul chāu a plus de 800. pieces de grosse artillerie et on tient quil y en a dans le Roiaume plus de 8000 pieces. aussi la principale richesse du pais cōsiste en ses minieres de cuiure. Vpsal est la metropolitaine et le lieu ou lon doit courōner les Rois. Calmar en Gotie est grandemēt forte auec port de mer. la Laponie n'a point de villes. Abo est en Finlande, Notebourg en Ingrie et Riga en Liuonie. la Courōne de Suede a fait plusieurs acquisitions en Alemagne qui luy ont esté confirmées par la paix de Munster. et cette année 1656. elle a fait des conquestes bien considerables en Pologne.

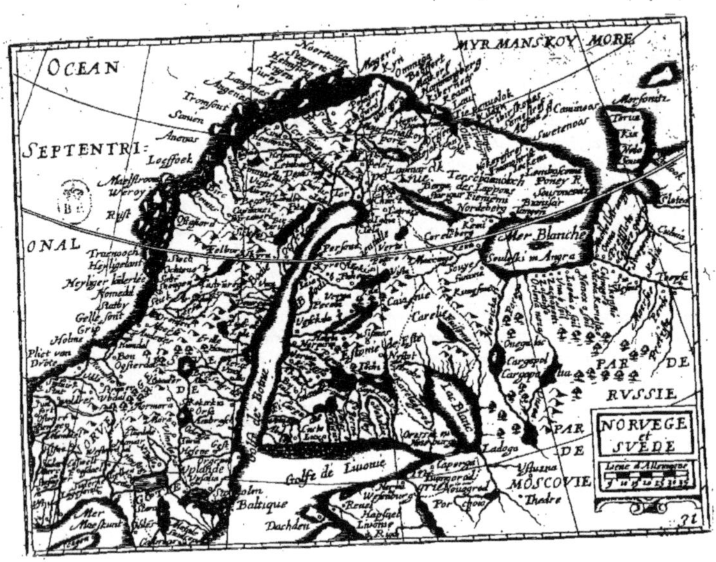
NORVEGE et SVEDE
Lieue d'Allemagne
OCEAN
SEPTENTRI-
ONAL
MYRMANSKOY MORE
Mer Blanche
Golfe de Liuonie
Baltique
PAR DE RUSSIE
PAR DE MOSCOVIE
Ladoga
Nougorod
71

DANEMARQ.

On fait venir le nom de Danemarq de Dan lun des successeurs de Noe de qui les Danois font descendre tous leurs Roys. Ce Roiaume est électif mais les habitans élisent d'ordinaire les Fils de leurs Roys Il a l'Alemagne vers le Midi, la Mer Baltique et la Suede vers le Levant, la mer Oceane vers le Septemtrion et le Couchant, ses parties sont la presquisle de Jutland, les Isles aux environs du Belt et la Sconie Il a cinq sortes d'Estats, le Roy, les Princes, du Sang, la noblesse, qui ná ni Ducs ni Marquis, les Ecclesiastiques, les Bourgeois et les paisans la Religiō est celle de Luther un des Principaux revenus du Roy consiste en la Recepte quil fait faire au passage du sond qui communique les mers Oceane et Baltique, ce quil en retire luy vaut plus que tout le reste de son Estat.

La presquisle de Jutland estoit autrefois appellee Cimbrica Chersonesus, cest de la que sortirent les Cimbres qui furent desfaite par Marius. En sa partie Septemtrionale Il a quatre Diocéses Ripen, Arhusen, Alborg et Viborg. en la partie Meridionale on trouve le Duché de Slesuik et celuy d'Holsace qui reconnoit son Duc particulier aussi bien que le Roy. Kiel y est une des Villes plus considerables, Glukstad sur l'Elbe est une puissante forteresse les Isles sont plusieurs Zelande et Fionie sont les plus grandes, celleci l'apennage du fils aisńé du Roy. En Zelande on trouve Copen Hagens. la Ville Royale ou il se fait un grand commerce Elle decouvre l'ágreable Isle de VVeen renommee par les Observations Mathematiques du fameux Tycho Brahe, la Coste de Sconie a trois petites provinces Sconie, Blekingie, et Halland cette deniere a esté cedeé aux Suedois l'an 1644. les Villes de Malmuien et Lüden, sont en Sconie, Christianopel en Blekingie est une Ville nouvelle bastie sur les frontieres de la Süede par Christian IV dernier Roy de Danemarq. L'Isle de Bornholm sur la coste est de la dependance de cette Courone.

Par le S.r du Val Géog. du Roy.

de Fer Excu Avec Privilege du Roy

DANEMA
RCK
OCEA
NE
GERMA
NI
QVE
MER
BAL
TIE DE
SVEDE
Bornholm
Femeren
Schagen
Zeebuij
Robbeknutt
Hugerby
Gottenberch
Lefon
Kulack
Avergart
Anouter
Anout
Grotehelm
Haselm Riff
Norby
Syro
Timmerbuy
Westernl
'Landt
van Numot
Calmar
Wexo
Luky
Rotnebij
Lunden
Milqueren
Vt Clippenal
Der Clippen
Hamerhus
Moun I
Fellter I
Rusmont
Ranck
Herlige Landt
Buyssen
De Strant
Kuppoln
Amir
Swantzen
Sorch
Stabuy
Lubeck
Oldeslo
Melcelnburg
Kriwen
Waren
Kobel
Dam
Colbergen
Lieue d'Allemagne
90

FRANCE

Le Nom et la Monarchie Francoise sont egalemt anciens. les Francois peuples d'Alémagne estans venus en Gaule Ils luy ont donné leur nom au mesme temps qu'ils y ont estabil leur Gouuernement, la France est vn Roiaume Hereditaire de Pere en Fils. il ne tombe jamais. en quenouille suiuant la Loy Salique. il c'est maintenu par la suite de 65. Monarques fournis par les trois Races Royales de Merouée, de Charlemagne, et de Hugues Capet l'Estat est ancien de plus de 12 cent ans. le Roy a titre de Tres Chrestiens et de Fils aisné de l'Eglise autant pour l'antiquité du Christianisme en ses Estats cõe pour les grands seruices et pour les assistances que ses predecesseurs ont rendu au S. Siege. le Fils aisné du Roy est appellé Dauphin. la France a l'Espagne et la Mer Mediterranée vers le Midi. vers le Couchant la Mer Oceane. vers le Septentrion l'Angleterre, le Manche entre deux et les Pais Bas. la Loraine, le Comté, les Suisses, la Sauoie et l'Italie vers le Leuant. Il y a plusieurs diuisions pour l'Eglise pour la Noblesse, pour la Iustice, pour les Finances: pour cet effet on conte 125. tant Archeuesche' qu' Eueshes. 10 Parlements. 23 ou 24 Generalites vn grand Nombre de Gouuernements.

Par le S.r du Val Geogr. du Roy

le peu d'estendue de cette feuille ne permet pas d'en faire le denombremt. l'an 1614. toute la Frãce comparut en 12 grands Gouuernements Generaux. Picardie, Normandie, Isle de France, Chãpagne: Bretagne, Orleanois, Bourgogne, Lyonnois, Guienne, Languedoc, Dauphiné et Prouence. la Picardie a pour ville capitale Amiens, la Normandie Rouen, l'Isle de France Paris la capitale de tout le Roiaume et le sejour plus ordinaire du Roy, la Champagne Troyes, la Bretagne Rennes, l'Orleanois Orleans, la Bourgogne Dijon, le Lyõnois Lyon, la Guienne Bourdeaux, le Languedoc Toulouse. le Dauphiné Grenoble et la Prouence Aix les autres villes sont en si grand nombre que lon en conte plus de quatre mille. la Seine, la Loire, la Garonne et le Rhone sont les plus considerables Riuieres du Royaume.

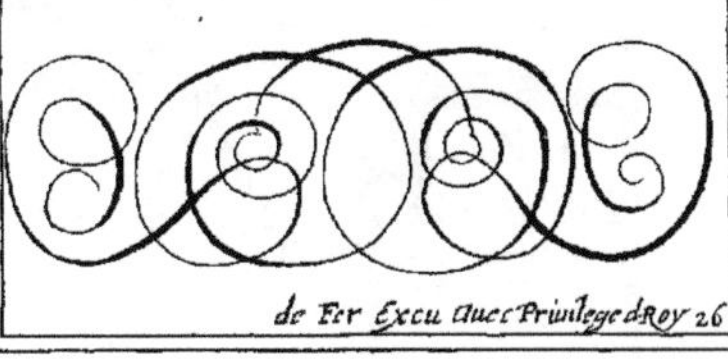

de Fer Excu auec Priuilege du Roy 26

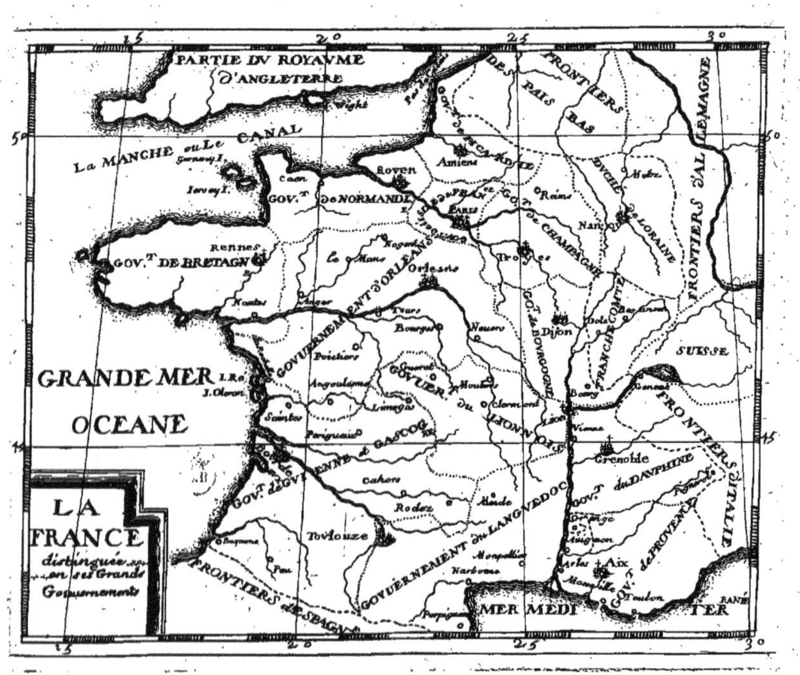
LA FRANCE
distinguée en ses Grands Gouvernements
PARTIE DV ROYAVME D'ANGLETERRE
La MANCHE ou Le CANAL
GRANDE MER OCEANE
MER MEDI TER
SUISSE
FRONTIERS DES PAIS BAS
FRONTIERS d'ALLEMAGNE
FRONTIERS d'ITALIE
FRONTIERS de SPAGNE
GOV.T de NORMANDIE
GOV.T DE BRETAGNE
GOUVERNEMENT d'ORLEANS
GOV.T de CHAMPAGNE
DUCHE de LORAINE
FRANCHE COMTE
GOV.T du DAVPHINE
GOV.T de PROVENCE
GOUVERNEMENT du LANGUEDOC
GOUVER.T du LIONNOIS
Roven
Amiens
Paris
Rennes
Orleans
Troyes
Dijon
Grenoble
Aix
Toulon
Tovlouze
Rodez
Cahors
Bourges
Tours
Clermont
Vienne
Arles
Narbonne
15
20
25
30
50
45

PICARDIE et
Pays Reconquis
Eschelle de 4 Lieues
Pas de Calais
Calais
Boulogne
Etaples
OCEAN
BOVLENOIS
le Crotoy
PONTHIEU
Abbeville
NORMANDIE
Dieppe
Arques
Aumale
Neuchastel
AMIENOIS
Amiens
Corbie
SANTERRE
ARTOIS
Arras
Bapaume
Lens
Bethune
S.Pol
Hesdin
Lillers
Aire
S.Omer
Gravelines
FLANDRE
Ipres
Lille
Tournay
Douai
Valenciennes
Cambray
Orchies
Courtray
Oudenarde
Gand
Rosbec
Termonde
Malines
BRABANT
Brusselles
Louvain
Enghien
Ath
Mons
HAINAVT
Maubeuge
Condé
Binche
Philippeville
Mariembourg
Chimay
Landreci
le Quesnoy
Bouchain
VERMANDOIS
S.Quentin
Peronne
Ham
Guise
TIERRASCHE
la Cappelle
Aubenton
Vervins
Marle
la Fere
Laon
N.D. de Liesse
Corbigni
Neuchastel
Reims
Soissons
Compiegne
Noyon
Roye
Mondidier
Chaune
Nesle
CHAMPA.
Eu
Treport
Poix
Conti
Beauquesne
Doulens
Montreuil
Hucquelier
Ardres
Guines
Ambleteuse
Rue
S.Valery
S.Riquier
Crecy
Menin
Comines
Armentiers
Merville
Terouanne
la Bassée
Picquigni
Brai
le Castelet
Bohain
Prémontré
Coucy
Bruyeres
Crane

NORMANDIE
OCEAN
ROVEN
PICARDIE
ISLE DE FRANCE
PERCHE
MAYNE
BEAVCE

PICARDIE
NORMANDIE
CHAMPAGNE
BRIE
BEAVCE
ISLE DE FRANCE
PARIS
Noyon
Compiegne
Soissons
Beauuais
Clermont
Gerberay
Gournay
Gisors
Chaumont
Andelis
Magni
Creil
Senlis
Pontoyse
Dammartin
Meaux
Claye
Chelles
Lagni
Charenton
Corbeil
Melun
Moret
Prouins
Rosoy
Coulommiers
Mante
Meulan
Houdan
Dreux
Chartres
Estampes
Dourdan
Rambouillet
Espernan
Limours
Versailles
S.Denis
Milli
23
24
49

BRETAGN
ANIOV
Rennes
Nantes
Brest
Morlaix
Vennes
Belle Isle
I. Groua
Dinan
Dol
Fougeres
Redon
Corlay
Quimperle
Hennebont
Brieux
S. Malo
Landerneau
Pont Marc

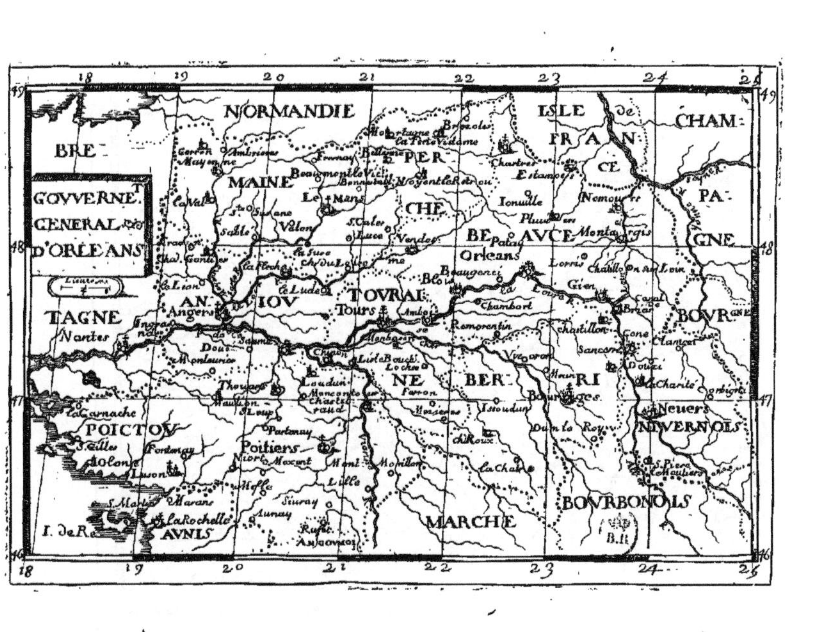
GOVVERNEᵀ GENERAL D'ORLEANS
NORMANDIE
ISLE de FRANCE
CHAMPAGNE
BRETAGNE
MAINE
PERCHE
BEAVCE
ANIOV
TOVRAINE
BERRI
POICTOV
AVNIS
MARCHE
BOVRBONOIS
NIVERNOIS
BOVRGNE
Orleans
Tours
Angers
Nantes
Poitiers
Le Mans
Blois
Bourges
Neuers
La Rochelle
I. de Re
Chartres
Estampes
Nemours
Montargis
Gien
Loudun
Saumur
Chinon
Amboise
Vendosme
La Fleche
Le Lude
Issoudun
La Charite
Sancerre
Chambort
Romorentin
18
19
20
21
22
23
24
25
49
48
47
46

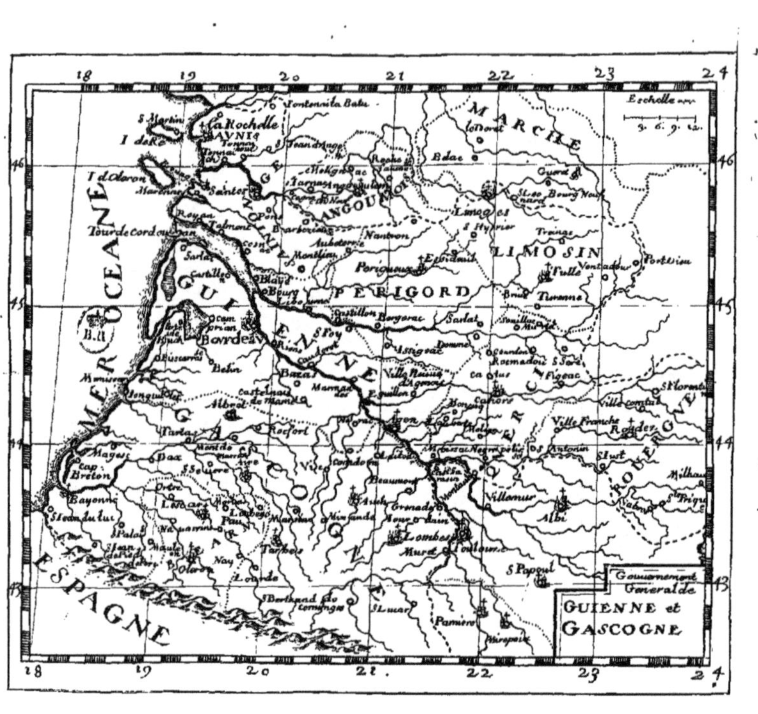

Gouvernement General de
GUIENNE et
GASCOGNE
Eschelle
MER OCEANE
ESPAGNE
MARCHE
LIMOSIN
PERIGORD
ANGOUMOIS
GUIENNE
La Rochelle
Bourdeaux
Bayonne
Limoges
Perigueux
Cahors
Toulouse
Albi
Tarbes
Pau
Dax
Lombes
Saintes
Blaye
Bazas
Bergerac
Sarlat
Figeac
Villefranche
Montauban
Pamiers
Mirepoix
Condom
Auch
18 19 20 21 22 23 24
46 45 44 43

PROVENCE et Comtat de Venaissin
Mer Mediterranee
Languedoc
Italie
Daufine
Comtat de Venaissin
AIX
Marseille
Toulon
Avignon
Nismes
Arles
Orange
Carpentras
Apt
Digne
Riez
Senez
Glandeve
Grace
Vence
Nice
Sisteron
Bouche du Rhosnes
Echelle

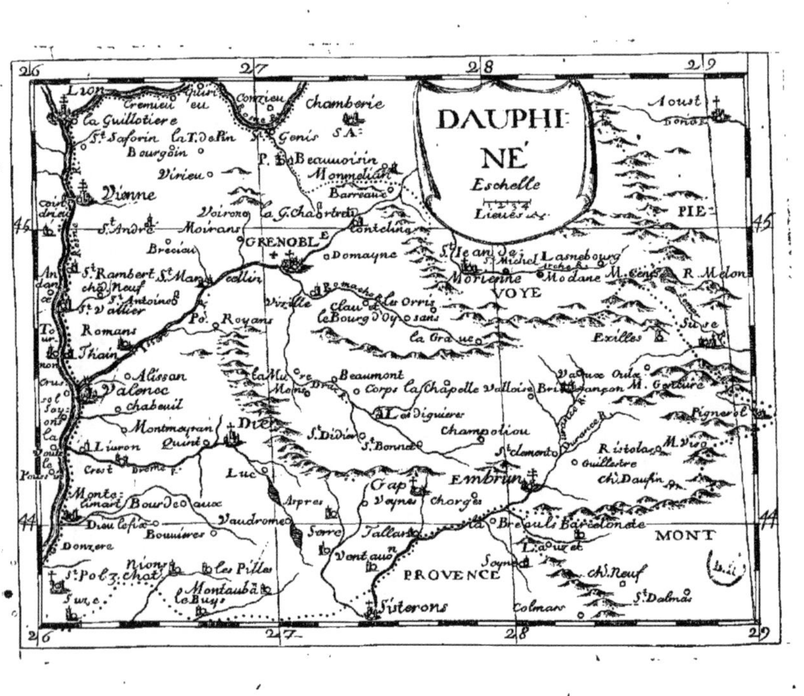
DAUPHI-
NÉ
Eschelle
Lieues
GRENOBLE
Vienne
Valence
Embrun
Gap
PROVENCE
Sisterons
Die
Romans
chamberie
Lion

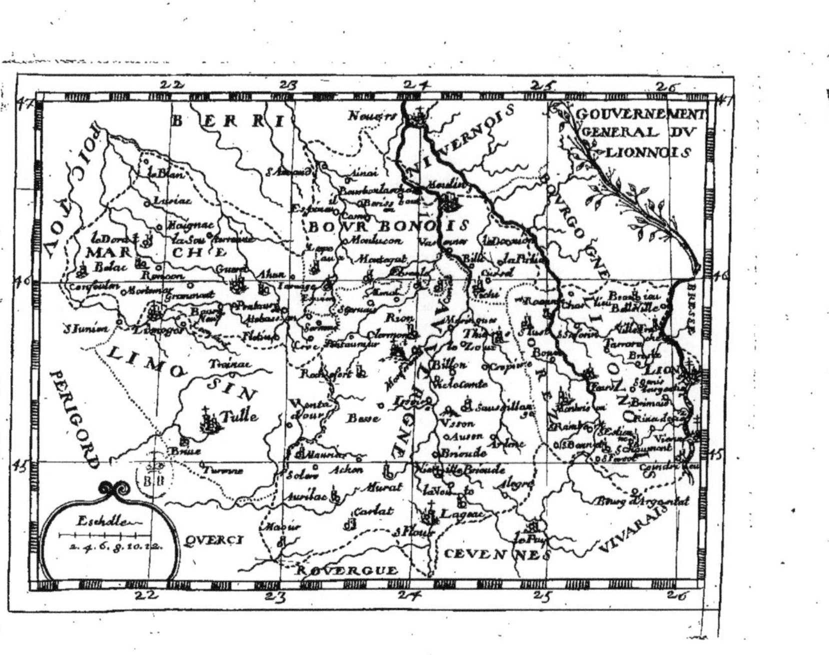

GOUVERNEMENT
GENERAL DV
LIONNOIS
BERRI
NIVERNOIS
BOVRBONOIS
BOVRGOGNE
POICTOV
MARCHE
LIMOSIN
PERIGORD
QVERCI
ROVERGUE
CEVENNES
VIVARAIS
BRESSE
Tulle
Nevers
Moulins
Clermont
Brioude
le Puy
Eschelle
2. 4. 6. 8. 10. 12.
22
23
24
25
26
47
46
45

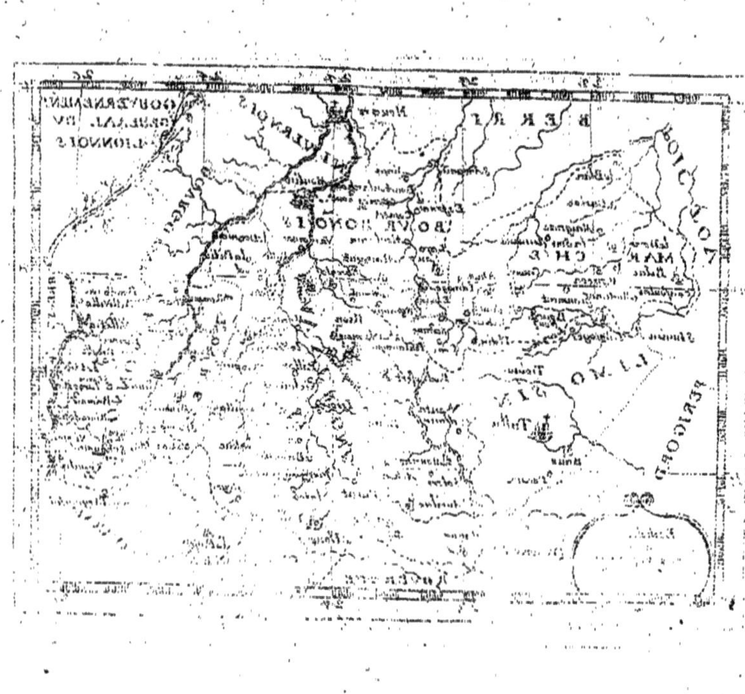

DVCHÉ
de
BOVRGOGNE
Eschelle
Lieues
CHAMPAGNE
Langres
DIJON
CHALON
NOIS
Beaune
Verdun
Noyer
Autun
Corbigni
Le Donjon
Bourbon Lancy
48
47
46
25
26

27
28
48
47
CHAPA
GNE
Langres
Vesoul
Luxeuil
Besancon
Dole
Gray
Salins
Arbois
Poligni
Montbeliart
SVIS
SES
Neuchatel
COMTE
de
BOVRGOG.
Eschelle
Lieues

CHAMPAGNE
Noyon
Laon
Soissons
Reims
Chalons
Troyes
Paris
Meaux
Senlis
Crespi
Compiegne
Ver dun
Langres
ISLE DE FRANCE
LORRAINE
PICAR
Vitri le Francois
Epernay
Ay
Vertus
Sezane
Provins
Nogent
Bray
Sens
Tonnere
St. Mihel
Bar le Duc
Vaucouleur
Chaumont
Joinville
Rocroy
Charleville
Sedan
Mouson
Stenay
Grandpré
Montmirail
Coulomiers
Lagny
Corbeil
Melun
Nemours
Montereau
Aubenton
Rethel
Pont
Planci
Arcis
St. Dizier
Vassi
Bar sur Aube
Bar sur Seine
Chateau Thieri
Clermont en Arg.
La Motte
Neufchastel
Coiffi
Montmedy
Danvilliers
Suipe
Ligni
Montesclaire
Brienne
Rongi
Piney
Mussi
Chaource
Ervi
Montier en Der
Villenoce
Anglure
Montreuil
Bourbonne
Vignori
Lanne
Aumont
Monsaugeon
Vandeuvre
St. Florentin
Joigny
Brinon
Nogent
48
49
50
24
25
26
27
3 6 9 12

27
28
29
Louion
Iametz
Dun
Damuillers
Briey
Estain
Verdun
VERDVNOIS
Conflans
Metz
Thionuille
Ennery
Vaudrouange
Sarbrick
Deux Ponts
Guemunde
Varise
Croange
Serable
Morhange
Sarbruch
Albers troff
Biche
Dieuze
Chateau Salins
Moyenuic
Marsal
La Petite Pierre
Sarebourg
Vic
La Garde
Falsbourg
Lunuille
Blanmont
Salm
Molsheim
Nomeni
Gorze
Goin
Clermont en Argonne
La Tour d'Auuergne
Haton Ch.
Vimbay
S. Mihel
Pont a Mousson
Apremont
Amance
Nanci
Toul
TOVLOIS
Comerci
Bar le Duc
Ligni en Barrois
Void
S. Nicolas
Vezelize
Vaucouleur
Vaudemont
Charmes
Ramberuillers
Raon
S. Die
Mirecourt
Chastel
Ioinuille
Montclaire
Neufchastel
Dompaire
Espinal
Andelot
La Mothe
Daunei
Bourmont
Clermont
Chaumont
Dombrot
Chastillon
Fontenoi
Plombieres
Remiremont
Eschelle
LORRAINE
49

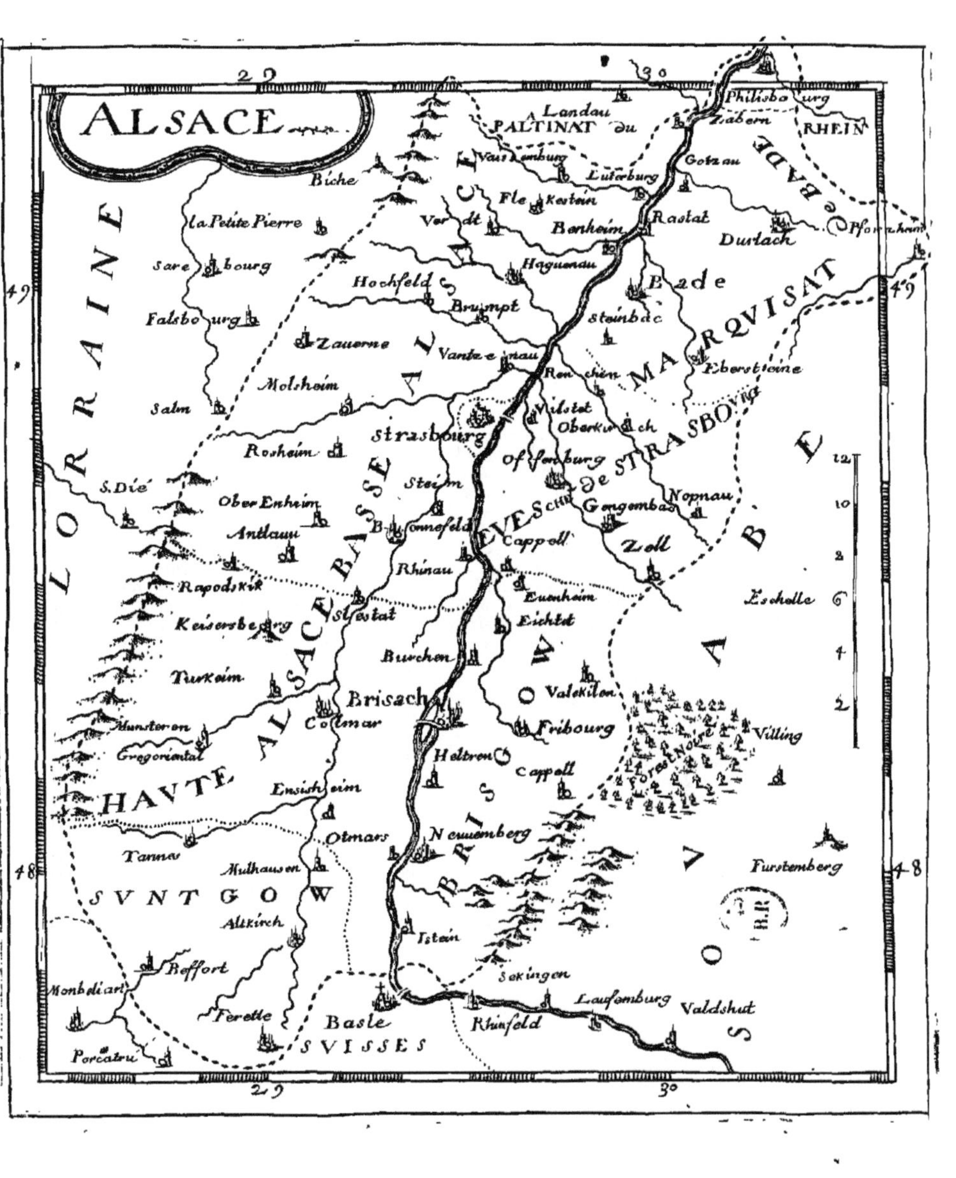

ALSACE
29
30
49
48
LORRAINE
PALTINAT du RHEIN
Landau
Philisbourg
Zabern
Gotzau
Vaissembourg
Luterburg
Biche
Flekestein
Rastat
Durlach
Pforzheim
la Petite Pierre
Verdt
Benheim
Sarebourg
Haguenau
Hochfeld
Brumpt
Bade
MARQVISAT DE BADE
Falsbourg
Zauerne
steinbac
Vantzenau
Renchen
Eberstaine
Molsheim
Salm
strasbourg
Vilstet
Oberkirch
EVESCHE DE STRASBOVRG
Rosheim
Offenburg
S. Dié
Steim
Gengembac
Nopnau
Ober Enheim
Bonnefeld
Antlaw
Cappell
Zell
Rhinau
Rapodskirk
Euenheim
Eschelle
Slestat
Eichtet
Keisersberg
Burchen
Turkeim
Brisach
Valckilch
Colmar
Fribourg
Munsteren
Gregoriental
Heltren
Forest Noire
Villing
Cappell
HAVTE ALSACE
BASSE ALSACE
BRISGOW
Ensisheim
Otmars
Newemberg
Tannes
Mulhausen
Furstemberg
SVNTGOW
Altkirch
Istein
SVABE
Beffort
Sekingen
Monbeliart
Ferette
Basle
Laufemburg
Valdshut
Rhinfeld
SVISSES
Porcatru
12
10
8
6
4
2

PAIS BAS

Ce nom est venu de l'assiette du Pais vers les basses Parties du Rhin, on l'appelle autrement dix sept prouinces a cause d'autant de Seigneuries particulieres qui autrefois y ont esté, le nom de Basse Alemagne leur a esté donne auec peu de fondement, Toutes ces prouinces considereés ensemble ont la France et la Lorraine vers le Midy, l'alemagne vers le Leuant, la mer Germanique au Septentrion et au Couchant. les Principales Riuieres du Pais sont le Rhin, la Meuse, et l'Escaut. la maison de Bourgogne a autrefois esté maistresse de tout ce pais, mais aujourdhuy Il y a deux Estats bien differents, l'un est Republique sous le nom de Prouinces Unies ou de Holande, et l'autre qui appartient au Roy d'Espagne consiste en prouinces Catholiques connues sous le nom de Flandre.

Les Prouinces Unies sont en nombre de huit, quatre sont vers l'occident Zelande, Holande, Vtrecht, Gueldres. 4 vers l'orient Zutphen, Transisalane, Frise et Groningue, Il y a en Zelande Middelbourg Capitale, Flessingue fameux port de mer. Amsterdam est la meilleure de toute la Holande le magazin de toutes les

Par le S.r du Val Geog. du Roy

marchandises de l'Uniuers, la Haye y est le sejour du Conseil. Vtrecht et Zutphen sont dans les prouinces de mesme nom Deuenter en Transisalane, Leuuarden en Frise, et Groningue en sa prouince.

Les Prouinces Catholiques sont quatre proche de France, Flandre, Artois, Hainaut, Luxembourg, Cinq au dedans du pais Brabant, le Marquisat du S.t Empire qui ne consiste qu'en la ville d'Anuers, la Seigneurie de Malines, Namur et Limbourg, ces deux dernieres auec des villes de mesme appellation. Liege et Cambray sont fiefs d'Empire. Bruxelle est la residence du Prince ou du Gouuerneur, Gand est la capitale de Flandre, Arras de l'Artois, Mons du Hainaut, Luxembourg de son Duché, Il y a un si grand nombre d'autres Villes en ces prouinces et nommement en Flandre et en Holande qu'il n'y a pais au monde ou il y en ait une si grand quantite si l'on a esgard a leur grandeur.

BELGIVM
Siue Inferior
GERMANIA
LES
DIXSET PRO-
VINCES DES
PAIS BAS.
MARE
GER
Noordt Zee
MA
NICVM
MER
D'ALEMAGNE.
D'ALEMAGNE.
PARTIE
Occident
Oriens
GALLIAE
PARIS
Châpagna
LEODIENSIS
EPISCOPAT
Die Eyfel
De Zuyder Zee
Der Schelling
Amelant
De Lauwers
De Schille
Borkum
Millliaria Germani Commu

ALEMAGNE

Le Nom dallemagne est venu des Alemans anciens Peuples qui demeuroient entre le Danube, le Rhin, et le Mein. lalemagne joint a la Mer Baltique et a lHolsace partie de Danemarq comme aussi a la Mer Germanique vers le Septemtrion. Aux Pais bas et a la Lorraine vers le Couchant, a la Suisse et a lItalie vers le Midi, et vers le Levant elle a particulierement la Hongrie et la Pologne, Elle a cet auantage destre au beau milieu de lEurope, le Siege dun fameux Empire lEmpereur qui en est le Chef la gouuerne au moien des Dietes qui sont comme les Estat Generaux, Outre lEmpereur qui est de la maison dautriche Il y a les Electeurs, les Princes Ecclesiastiques, les Princes seculiers, et les Villes libres qui sont ou Imperiales ou Anseatiques cest adire confederees, les Electeurs sont les trois Archeuesques de Maience de Treues et de Cologne, le Roy de Boheme, le Duc de Bauiere, le Duc de Saxes, le Marquis de Brandebourg. lan 1648 on a creé vn Nouuel Electorat pour le Prince Palatin.

Tout lalemagne peut estre consideré vers le Midi et vers le Septemtrion. Il y a vers le midi lalsace, le Palatinat du Rhin, la Franconie, la Souabe, le Tirol la Bauiere, la Boheme et lAustriche. Il y a vers le Septentrion les 3 Archeueschés Electorale la Succession de Cleues et

Par le Sr du Val Geog. du Roy.

de Juliers, la Vestphalie, la Hesse, et la Saxe. la Saxe a lElecteur de mesme nom comprend aussi la Turinge, la Misine, et la Lusace la Saxe a dautres Princes a le Brunsuik, le Meklembourg, le Brandebourg et Pomeranie, si nous considerons les Villes nous y trouuerons vn tres grand nombre et des plus Riches de lEurope, Celles qui emportent le prix sont Strasbourg en alsace, Francfort et Nuremberg en Franconie, Ausbourg et Vlm en Souäbe, Prague en Boheme, Cologne sur le Rhin, Erfort en Turinge, Leipsic en misne, Lubec et Hambourg en la basse Saxe. Munic en Bauiere et Breslau en Silesie sont les plus belles. Heidelberg est la capitale du palatinat du Rhin, Insspruck du Tirol, Vienne en Austriche est la residence de lEmpereur, Munster en Vestfalie nous a esté connue par le traité de Paix de lan 1648 Cassel est la demeure du Langraue de Hesse, Dresdé celle de lElecteur de Saxe et Berlin celle de lElecteur de Brandebour Stetin est la Capitale de la Pomeranie et Wismar en Mekelbourg le meilleur port de toute lalemagne.

de Fer. Excu Auec Priuilege du Roy.

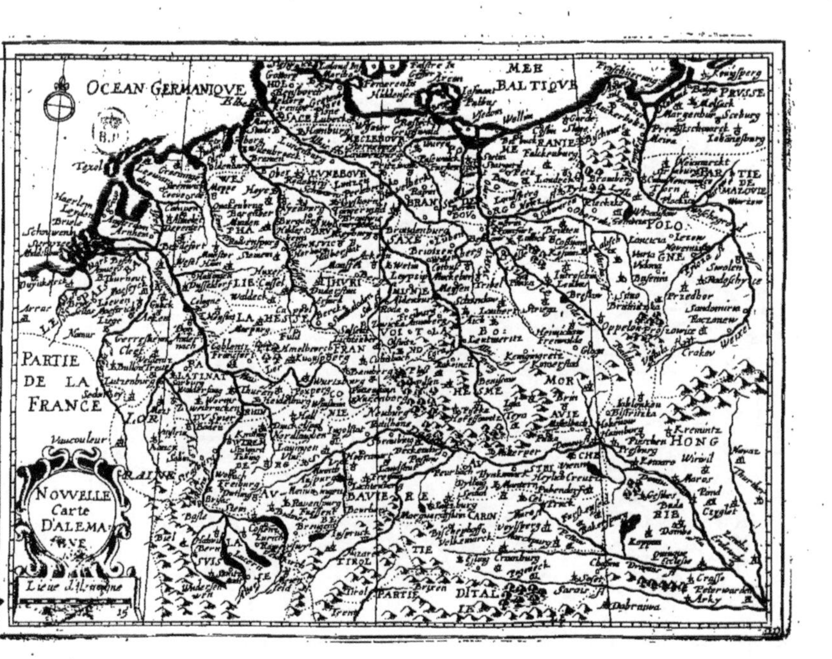
OCEAN GERMANIQUE
MER BALTIQUE
PARTIE DE LA FRANCE
NOUVELLE Carte D'ALEMAGNE
Lieue d'Allemagne

Les SUISSES.
Eschelle
FRANCHE COMTÉ
Basle
Porentru
Soleuure
Olten
Arau
Aarburg
Biel
Arberg
Berne
Thun
Brientz
Lucerne
Zug
Sempach
Schafouse
Zell
Lindau
Bregentz
Rhinek
Arbon
S.Gall
Rapersuuiler
Suuitz
Glaris
Altorf
Sargans
Coire
Ilants
Tuffen
Mayenfeld
Iulerberg
Chiauena
Riua
VALTELINE
BERGAMOIS
Bellinzone
Domo d'Osola
MILANNOIS
PIEMONT
Aoust
Martinach
Aigle
Chillon
Thunon
Bonne
Salanche
Morges
Nyon
Geneue
Lausanne
Yuerdon
Payerne
Gruieres
Moudon
M.S. Gotard
Medels
Visp
Leuch

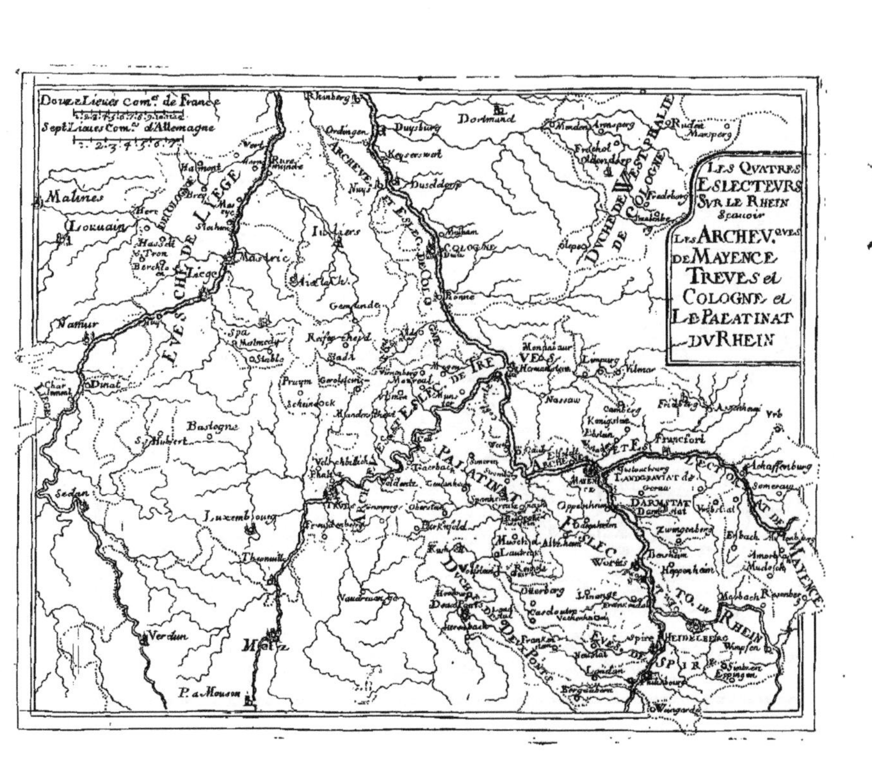
Les Quatres Eslecteurs Sur le Rhein Sçavoir
Les Archev.ques de Mayence Treves et Cologne et Le Palatinat du Rhein
Douze Lieues Com.es de France
1. 2. 3. 4. 5. 6. 7. 8. 9. 10. 11. 12
Sept Lieues Com.es d'Allemagne
1. 2. 3. 4. 5. 6. 7.
Malines
Louuain
Namur
Dinat
Liege
Mastric
Bastogne
Luxembourg
Thionuille
Metz
Verdun
Sedan
P. a Mouson
Rhinberg
Ordingen
Duysburg
Keyserswert
Dusseldorp
Nuys
Dortmund
Cologne
Bonne
Francfort
Aschaffenburg
Darmstat
Worms
Spire
Heidelberg
Wimpfen
Dillenburg
Nassaw
Trier
Palatinat
Rhein

PALATINAT et ELECTORAT du RHEIN

FRANCONIE
Eschelles
Douze Lieues commu. de France
Sept Lieues commu. d'Allemagne
DVCHE DE WEIMAR
SAXE NAVMBVRG
ALTENBURG
LANDGRAVIAT DE HESSE
ABBAYE DE FVLDE
Fuld
Comte de Hanaw
C. d'Isenburg
Comte de Schwartzburg
Schwartzburg
SAXE NAVMBVRG
Themar
Henneberg
Romhilt
Coburg
DUCHÉ DE SAXE
Neustat
Konigshoven
Kissing
Schwainfurt
EVESCHE DE WURTZBURG
Gemund
Carlstat
Achaffenburg
FRANCFORT
Comte de Rheineck
Lohr
Werthem
Comte de Werthem
DE MAYENCE
Erpach
Lauda
Ochsenfurt
Kitzingen
Hochstet
Speckfeld
EVECHE DE BAMBERG
BAMBERG
Ebermanstat
Erlang
NVREMBERG
Lauff
Altorf
Amberg
Pegnitz
Creusen
Eschenbac
Culembach
MARQVISAT DE CVLLEMBACH
Kupferberg
Liechtenberg
Hoff
Weisseustat
Egra
MARQVISAT D'OHNSPACH
Ohnspach
Rotenburg
Kregling
Vffenheim
Winsheim
Neustat
HEIDELBERG
Wimpfen
Heilbron
Hall
Comte de Hohenlohe
Baron de Limpurg
Elwang
Dunckelspuhel
Oeting
Norlingen
Comte d'Oeting
Aalen
Pappenheim
Weissenburg
EVESCHE D'AICHSTET
Aichstet
Ingolstat
Donauort
DVCHE DE NEVBVRG
Neuburg
RATISBONE
Danube R.
BAVIERE
DVCHE DE WURTENBERG
Stuttgard
SOVABE
Vlm
A LA MAISON D'AUSTRICHE
P. et C. DE HOHENZOLERN
DEN FE VRG
30
31
32
33
34
51
50
49
48

POLOGNE.

Ce que nous appellons aujourdhuy Polo:
gne a fait autrefois partié de la Sarmatie déu
rope. la Pologne proprement prise est aux
enuirons de la Riuiere de Vistule qui lalue les
Villes Royales de Cracouie et Varsouie, On y
comprend aujourdhuy la Prusse, la Mazouie,
la Poluquie et la Russie Noire, On y adjouste mes
me le Grand Duché de Lithuanie, la Podolie et
la Volhinie qui par alliance ou autrement
ont esté vnies a ce Roiaume, le Roiaume est
Electif aux Seances des Estats les Euesques
ont le premier rang apres le Roy; puis le
Chastelain de Cracouie, les Palatins, Chastelains
et autres officiers du Roiaume. les Gentils:
homes y sont egaux, les seules charges
font entr'eux la preseance, leur force
consiste en Caualerie et qui leur a fait de
tout temps negliger les forteresses, les
Polonois ont a demesler auec de puissants
et de fiers Ennemis, sans faire mention
des Turcs et des petits Tartares qui nont
pas aujourdhuy de guerre auec eux Ils ont
genereusemt fait teste aux Moscouites et
aux Cosaques leurs Rebelles. Cest ce qui a
donné moien aux Suedois de faire de
grandes Conquestes en ce Roiaume cette

Par le Sr. du Val Geog du Roy.

Anneé 1656. outre la defection de quel
ques Palatins .

Cracouie est composée de trois Villes.
defendue dun puissant Chaũ, Elle est le
lieu du Couronement des Roys et des Rei
nes, elle se trouue en la Haute Pologne de
mesme que Sendomir et Lublin. Posna est
en la Basse Pologne coē aussi Gnesna la Me
tropolitaine du Roiaume La Prusse obeit
en partie seulemt au Roy de Pologne Mari
embourg y est la Ville la plus forte cest ce
que nous appelons Prusse Royalle, lautre
partie de la Prusse est appelleé Ducale et
appartient a lelecteur de Brandebourg, Vla
dislau est en Cuiauie, en cette prouince
est le Lac Goblo que lon dit auoir four
ni les Ratz qui ont mangé le Roy popi
el. la Mazouie est la prouince ou il y
a bien trente ou quarante mille Nobles
pluspar Catholiques, les derniers Roys
ont choisi leur demeure en ceste pro:
uince et ont fait leur sejour plus ordi
naire dans Varsouie ou ils font assem
bler les Estats du Roiaume.

de Fer excu Auec Priuilege du Roy.

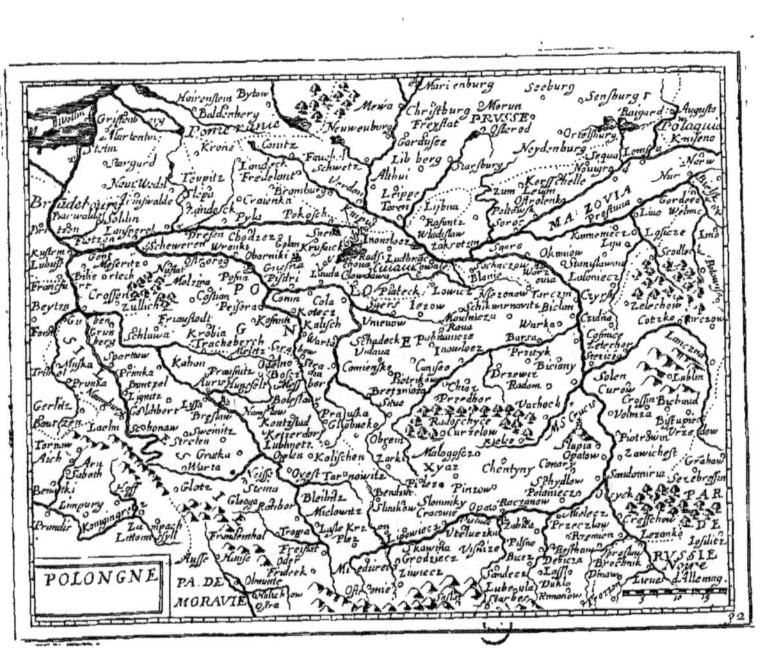
POLONGNE
PRVSSE
MAZOVIA
PA. DE MORAVIE
RVSSIE
Marienburg
Seeburg
Sensburg
Christburg
Morun
Mewa
Neuweuburg
Osterod
Pomeranie
Bytow
Baldenberg
Konitz
Krone
Neydenburg
Ortelsburg
Augusto
Lomza
Starsburg
Lipno
Torun
Brandenburg
Bromburg
Pokosch
Soldin
Landsberg
Driesen
Chodziez
Meseritz
Crossen
Zullich
Posna
Obarniki
Gnesna
Pisdri
Conin
Cola
Kalisch
Lowicz
Iezow
Warka
Radom
Bursa
Przytyk
Czirsk
Lublin
Solen
Curow
Zawichest
Sandomiria
Opatow
Chentyny
Pinczow
Malogoscz
Cracovie
Slomniky
Lipowicz
Wielicza
Sandecz
Zywiecz
Ratibor
Glogau
Glatz
Oppelen
Brislaw
Lignitz
Gerlitz
Bautzen
Kuistrin
Frankfurt
Koningratz
Liptow
Lezansko
Bechnik
Dinaw
Przemislaw
Radom
Kalisch
Piotrkow
Sieradz

MOSCOVIE.

Le Nom de Moscouie est comun a un Empire, a une prouince, a une Ville et a une Riuiere. Ce pais est un des plus froids de tout le Septemtrion. les grains y viennent peu souuent a perfection. le froid y est quelquefois si grand que la terre en est toute Creuassée entrouerte. On y trouue souuent des persones geleés. pendant six mois de lannée tout y est couuert de neges ou de glaces, les autres six mois font changer de face au pais. On en transporte des peaux et des fourrures, des cuirs, de la Cire, du Miel de la suif, de lhuile, des lins des chanures, de la poix &c. les Elans, les Ours, les Cerfs, les loups, les Renards et Martres Zibellins qui se trouuent en grand nombre dans les forests donent lieu de recouurer un grand nombre de fourrures. La Religion des Moscouites est schismatique et peu differente de celles des Grecs. les Habitans du pais ont cela de bon quils ne contraignent persone pour la Religion. Le Grand Duc de Moscouie est appellé grand Czar ou Cesar cest a dire Empereur mais les autres Monarques ne luy en accordent pas volontier la qualité, et ce nest pas peu de tomber daccor des titres de ce Prince en la Reception de ses Ambassadeurs, il comande absolument et les Moscouites se disent ses Esclaues, son fils aisné porte nom Knes qui veut autant a dire comme Duc il luy done

Par le Sr du Val Geog. du Roy.

en appennagé le Duché de Jaroslau. ses Tresors ne peuuent estre que fort considerables puis quil amasse le plus quil peut dor et dArgent et quil ne fait ses paiements et presents qu en peaux et fourrures. son Infanterie est plus estimeé que sa Caualerie, elle soufre patiemment toutes les Incomodites de la vie aussi les Moscouites soustiennent de mieux un Siege le peu de liberté qu il done aux Estrangers de sejourner dans le pais rend les habitans peu soigneux daprendre dautres langues que la leur. On y Conte par Verstes dont il faut Cinq pour une lieüe dalemagne. la Residence du Grand Duc est Moscou qui est vaste extraordinairement et plustost un amas de plusieurs bourgades qu une bonne ville Elle a bien eu autrefois quarante mille maisons, mais ell en a bien moins de puis que les Polonois et les petits Tartares lont saccageé lors quils sen sont rendus Maistres Elle a deux Chasteaux bien Considerables bastis par des Ingenieurs Italiens sur le modele de celuy de Milan. Smolensko est une Ville grandement forte sur les confins de Pologne. Elle auoit esté cedeé aux Polonois lan 1634. mais ils ne lont conserueé que 20 ans, les Moscouites layant Reprise.

de Fer Exeu Avec Priuilege du Roy.

RVSSIE.

Voici le plus Vaste Pais de toute l'europe appellé autrefois Sarmatie et aujourdhuy Grande ou Blanche Russie en suitte de sa grande estendue et des neges qui y sont presque continuelles. quelques autheurs font venir ce nom de Blanche des Chapeaux blancs dont se seruent les Moscouites, la Russie Noire fait partie du Royaume de Pologne, Cet Estat est proche de la Suede et de la Pologne vers le Couchant, de la Mer Glaciale vers le Septentrion. la petite Tartarie vers le Midi, et vers le Levant la Tartarie d'asie ou le Grand Duc de Moscouie a fait des conquestes plus considerables pour leur estendue que pour leur fertilité la Riuiere de Volgue parcourt ce pais Elle va premierem. de Couchant au Levant et puis du Septentrion au Midi po. se decharger en la Mer Caspiene par plus de 72 embouchures son long Cours luy fait auoir rang parmi les plus grandes Riuieres du Monde. Toute la Russie que nous appellons aussi Moscouie est diuisée dordinaire en deux grandes partie Septentrionale et Meridioale, Elle a peu de Villes; Celles que lon y voit sont bastie de bois et de bouës po. la pluspart, Elles ne sont point paueés pour lordinaire et entre les Rues il y a des champs labourables, Moscou est la Capital de tout lestat

Par le S.r du Val Geog. du Roy.

Volodimer a eu cette dignité auparauant Moscou aiant serui de demeure aux Grand Duc, son assiette en un pais le plus fertile de toute la Moscouie luy auoit procuré cet auantage, la Grande Nouogrode a autrefois esté un des quatre magazins des Villes anseatiques et on disoit que rien ne se pouuoit opposser a Dieu ni a la grande Nougrod Elle a esté ruiné lan 1577 par un Grand Duc qui en fit emporter 300 Chariots chargés dor et dargent, elle a en cor de beaux priuileges et fait un grand commerce, S.t Michel Archange est la plus marchande de tout lestat a cause de son port. les droits dentreé et de sortie valent au prince plus de 6 cent mille escus par an Cest la ou lon porte toutes les marchandises du pais, que lon enuoie dans les autres pais Ces marchandises consistent en fourrures et martres Zibellines qui sont les plus belles du Monde, Outre plusieurs autres Villes le Grand Duc possede celles d'astracan et Casan en la grande Tartarie, Ces deux Villes ont la commodite de la Volgue, Astracan fait un grand trafiq. de sel. quelle tire de son voysinage, Casan qui fut prise de force lan 1552 a souuent essaie de se remettre en liberte, mais inutilement.

de Fer Excu auec priuilege du Roy.

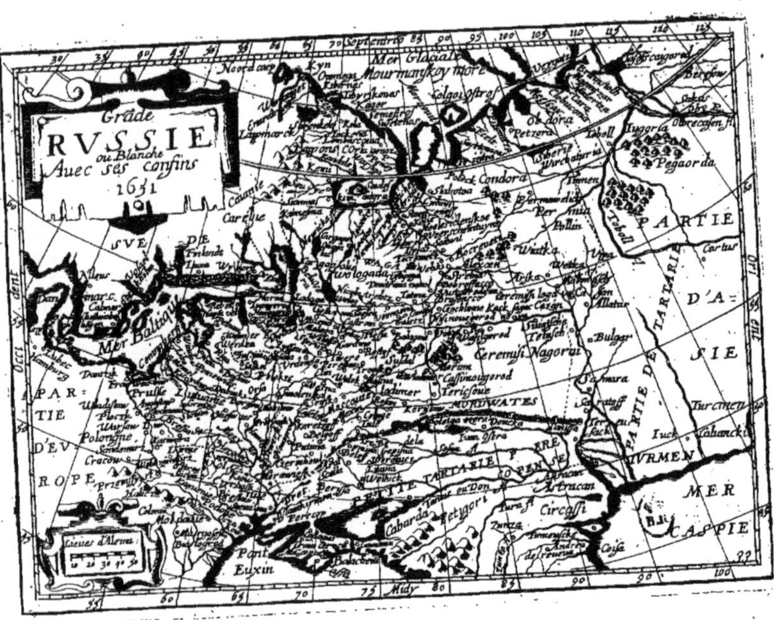
Grãde
RVSSIE
ou Blanche
Auec ses confins
1651
Mer Glaciale
SVE DE
Mer Baltique
PAR TIE D'EV ROPE
PARTIE D'ASIE
PARTIE DE TARTARIE
MER CASPIE
Pont Euxin
Lieues d'Alema.
Septentrio
Midy

ESPAGNE.

l'Espagne autrefois Iberie est enuirõnée des Mers Oceane et Mediterranée qui en font vne presqu'Isle. Les Pyrenées la joignent a la France. le pais est plein de montagnes qui sont en partie cause qu'il n'est pas des mieux habité. Ses Riuieres ne sont pas des plus nauigables, l'Ebro se rend en la Mer Mediterranée, la Douere ou Douro, le Tage, la Guadiane et le Guadalquiuir menent leurs Eaues en la Mer Oceane. la Guadiane a cette particularité de se cacher en terre et d'en ressortir : cela donne lieu a quelques Espagnols de dire qu'ils ont vn pont le plus riche de la terre, sur le quel ils peuuent faire passer plus dix mille hommes en bataille.

Toute l'Espagne est diuisée en quatorze ou quinze parties dont la plus part ont titre de Roiaumes. Biscaie, Asturie, Galice, Portugal, Andalousie sur l'Ocean : Grenade, Murcie, Valence, Catalogne et les Isles Majorque et Minorque sur la Mer Mediterranée : et au dedans du Pais Arragon, Nauarre, Castille vieille et Nouuelle, et Leon. toutes ces prouinces sont au Roy d'Espagne qui prend titre de Roy Catholique. le Portugal a son Roy de puis l'an 1640. Bilbao est la ville capitale de Biscaie : en Asturie il y a Ouiedo retraite des Anciens Roys

Par le S.r du Val Geogr. du Roy.

Chrestiens pendant l'inuasion des Maures. Compostelle en Gallice est connue pour les pelerinages que l'on y fait a S. Iacques. Lisbone est en Portugal. Seuille en Andalousie la plus riche ville de toute l'Espagne : elle fait le commerce des Indes Occidentales. Grenade, Murcie, Valence, Majorque ont des villes de mesme nom, Grenade est la plus grande d'Espagne. la Catalogne a pour sa capitale Barcelone, Perpignan proche de France en la Comté de Roussillon est l'vne des plus fortes villes de l'Europe. Sarragoçe est en Arragon, Pampelune en Nauare. Burgos et valladolid sont en la Castille vieille Tolede et Madrid en la Castille Neuue celle ci la demeure des Roys d'Espagne. le Leon a vne ville de mesme nom.

L'ESPAGNE
PAR DE
FRANCE
OCEAN
PORTU
CASTILLE
VIEL
NOUV
NAVARRE
ARRA
GON
CATALOGNE
VALENCE
MURCIE
GRENADE
ANDALUSIE
Extremadure
ALGAR
Isles Majorque
Baleārides
Cabrera
Formentera
PAR DE LA MER MEDITERRANEE
d'Estroit de Gibraltar
Gibraltar
Cadiz
Malaga
Cartagena
Alicante
Valence
Tortosa
Tarragona
Perpignan
Narbone
Burgos
Valladolid
Toledo
Cuenca
Merida
Tanger
Ceuta
Oran
Alger
PARTIE DE LA BARBARIE
24

PORTVGAL.

Le Portugal y compris l'Algarue est entouré de la Mer Oceane a son Couchant et a son Midi, a son Septentrion il est voisin de la Galice et a son Orient il a le Leon, la Castille et l'Andalousie. il a esté autrefois apellé Lusitanie. Il a titre de Roiaume et ses premiers Roys luy ont esté fournis par la France. le Roy de Portugal a cet auantage d'auoir plusieurs Roys pour vassaux. ses predecesseurs ont fait des Conquestes dans les quatre parties du Monde, c'est pourquoy les Portugais y font aujourdhuy leur commerce. Les places quils y tiennent sont sur les Costes de la Mer au Bresil, en Fez, Maroc, Nigritie, Guinee, Cafrerie, Zanguebar, Arabie, Perse, Inde, Chine &c. a l'occasion de ces Conquestes le Roy de Portugal Emanuel I. prit vne sphere pour sa deuise. les principales Riuieres sont le Taie et la Douere. le Taie est renommé pour auoir autrefois eu de l'or en son sable. On fait estat de trois Regions en Portugal Entre Douro et Minho, entre Douro et Tajo et entre Tajo et Guadiana. La Ville de Lisbone a l'embouchure du Taje est la capitale du Roiaume, des plus belles des plus grandes des plus Riches et des mieux peuplées de l'Europe. elle a la commodité du flux et reflux de la Mer; elle fait

Par le Sr du Val Geog. du Roy

particulierement le trafiq de toutes les Indes Orientales, elle a titre d'archevesché de mesme que Braga et Euora. Braga est connue pour la tenue de plusieurs Conciles. Euora est estimeé la seconde de tout le Roiaume. Porto et Setuval font vn trafiq beaucoup considerable, c'est pourquoi elles sont des plus Riches apres Lisbone. les seules salines et la pescherie de Setuval sont plus estimeés que tout le Roiaume d'Aragon pour le Reuenu. Coimbra est renommé pour ses fameux philosophes. Braganca pour son Duché qui fait son Duc trois fois Marquis, sept fois Comte et plusieur fois Seigneur. Il estoit le titre de Iean IV aujourdhuy XXII Roy de Portugal. Beja, Eluas, Portalegre, Leiria, Guarda, Lamego, Miranda, sont bonnes Villes. Silues et Faro sont les Capitales de l'Algarue.

de Fer excu auec Privilege du Roy 15

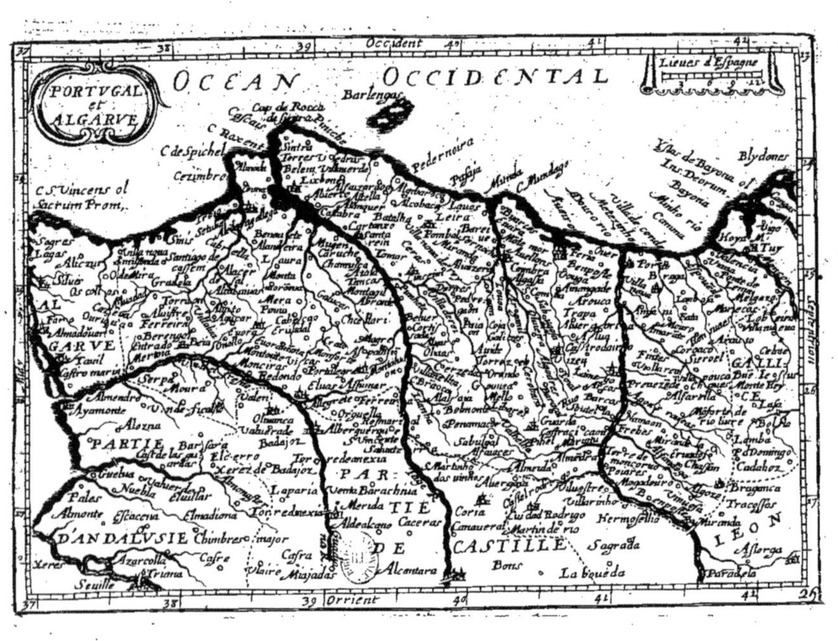
PORTVGAL et ALGARVE
OCEAN OCCIDENTAL
Occident
Orrient
Lieues d'Espagne
Barlengas
C. S. Vincens ol Sacrum Prom.
PARTIE D'ANDALVSIE
PARTIE DE CASTILLE
LEON
GALLICE
ALGARVE
Seuille
Badajoz
Merida
Alcantara
Coria
Astorga
Bragança

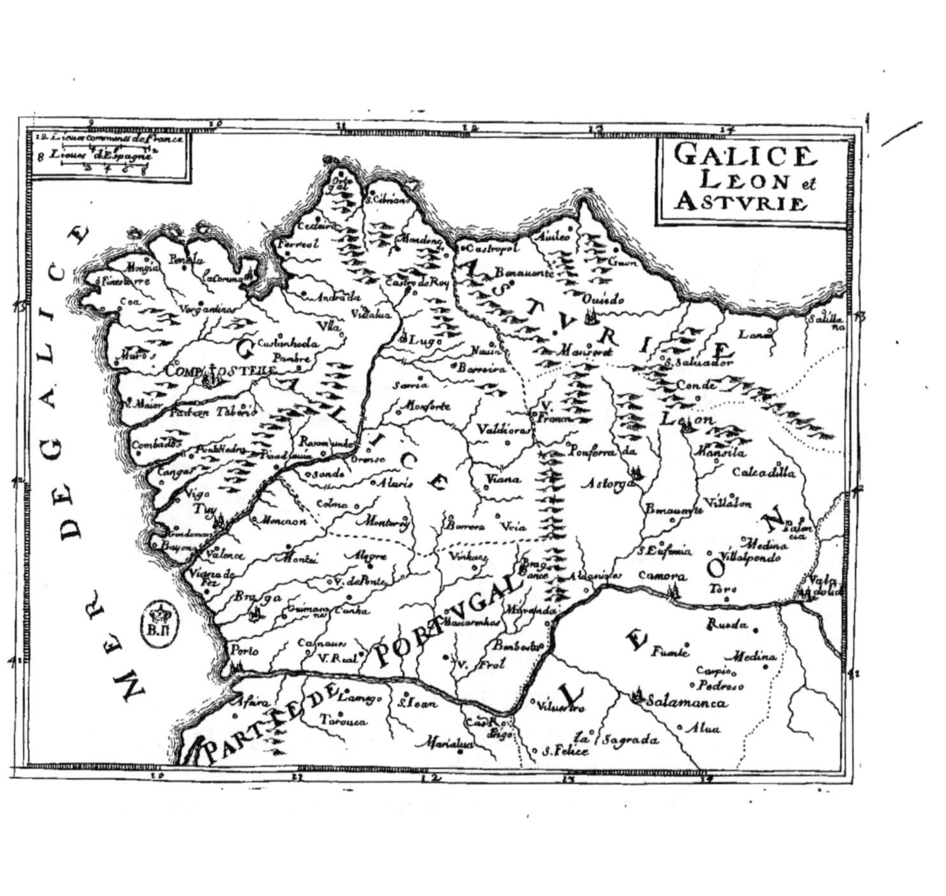
GALICE
LEON et
ASTVRIE
MER DE GALICE
GALICE
ASTVRIE
LEON
PORTVGAL
PARTIE DE
Lieues communes de France
Lieues d'Espagne
COMPOSTELLE
Lugo
Oviedo
Astorga
Leon
Salamanca
Camora
Toro
Braga
Porto
Tuy
Vigo
Orense
Monforte
Mansila
Villalon
Medina
Villalpondo
Conde
S. Saluador
Castropol
Mondonedo
Castro de Roy
Vilalua
Ponferrada
Viana
Alaris
Monterey
Barrera
Valdeoras
Valence
Viana de Lima
V. Real
Lamego
S. Ioan
Tarouca
Marialua
S. Felice
La Sagrada
Alua
Rueda
Fuente
Pedroso
Moncaon
Monsao
Alegre
Cunha
Mascarenhas
Bemposta
V. Frol
Pontevedra
Combados
Cangas
Padron
Tabeiro
Muros
Finisterre
Mongia
Ponela
Ferreol
Cedeira
Andrada
Vorgantinos
S. Ciprian
Sarria
Barreira
Rua
V. Franca
Benavente
Calcadilla
S. Eufemia
Valadolid
Palencia
Salilla

LANGVEDOC

Eschelle
2 4 6 8 10 12

AVVERGNE
CEVENNES
ROVERGVE
TOVLOVZE
ROVSSILLON
ESPAGNE
Golfe de Lyon
MER MEDITERRANÉE
Bouche du Rhosne

22 23 24 25 26

S Flour
Maour
Entraigues
S Florentin
Estaim
Ville Comtal
Rodez
Ville Franche
S Antonin
Montauban
Cordes
S Iust
Milhau
S te Frique
Vabres
Valence
Albi
Gaillac
Realmont
Lauaur
Castres
la Caue
Brassac
S Pons
Olargues
Mende
Marueges
S Cosme
Florac
Pont de Monuert
le Vignan
Gange
Lodeue
Clermont
Gignac
Aniane
Sauue
Anduze
Alais
Vzes
Bagnols
Nismes
Sommieres
Monpellier
Frontignan
Agde
Bresçou
Cette
Beziers
Capestan
Narbonne
Sigean
la Nouvelle
Leucate
Salses
Perpignan
Elne
Collioure
Ville Franche
Puy Valdor
Escalobre
Tarascon
Acqs
Bellestat
Quilla
Alet
Limouth
Carcassone
Chalabre
Foix
Pamiers
Mirepoix
Castelnaudari
S Papoul
Reuel
Puislaurens
Muret
Rieux
Mazeres
Tarascon
Beaucaire
Arles
S Gilles
Aigues mortes
Villeneuve
Auignon
Roquemaure
S Esprit
S Ambroise
Vallons
Viuiers
Aps
le Teil
Priuas
la Voute
Aubenas
Largentiere
Ioyeuse
Pradelles
le Puy
Solignac
Tournon
Annonai
Andance
S Agreue
Chalais
Crussol
Soyon
Valence
Montelimar

CASTILLE VIEILLE et BISCAIE

Eschelles

10 Lieues communes de France

2 4 6 8 10

7 Lieues d'Espagne

1 2 3 4 5 6 7

MER OCEANE

ASTVRIE

BISCAIE

CASTILLE VIEILLE

CASTILLE NOVUELLE

Oviedo
Leon
Burgos
Valladold
Salamanca
Segovia
Madrid
Tolede
Billao
Vitoria
Logrono
Soria
Osma
Palentia
Toro
Avila
Placentia
Coria

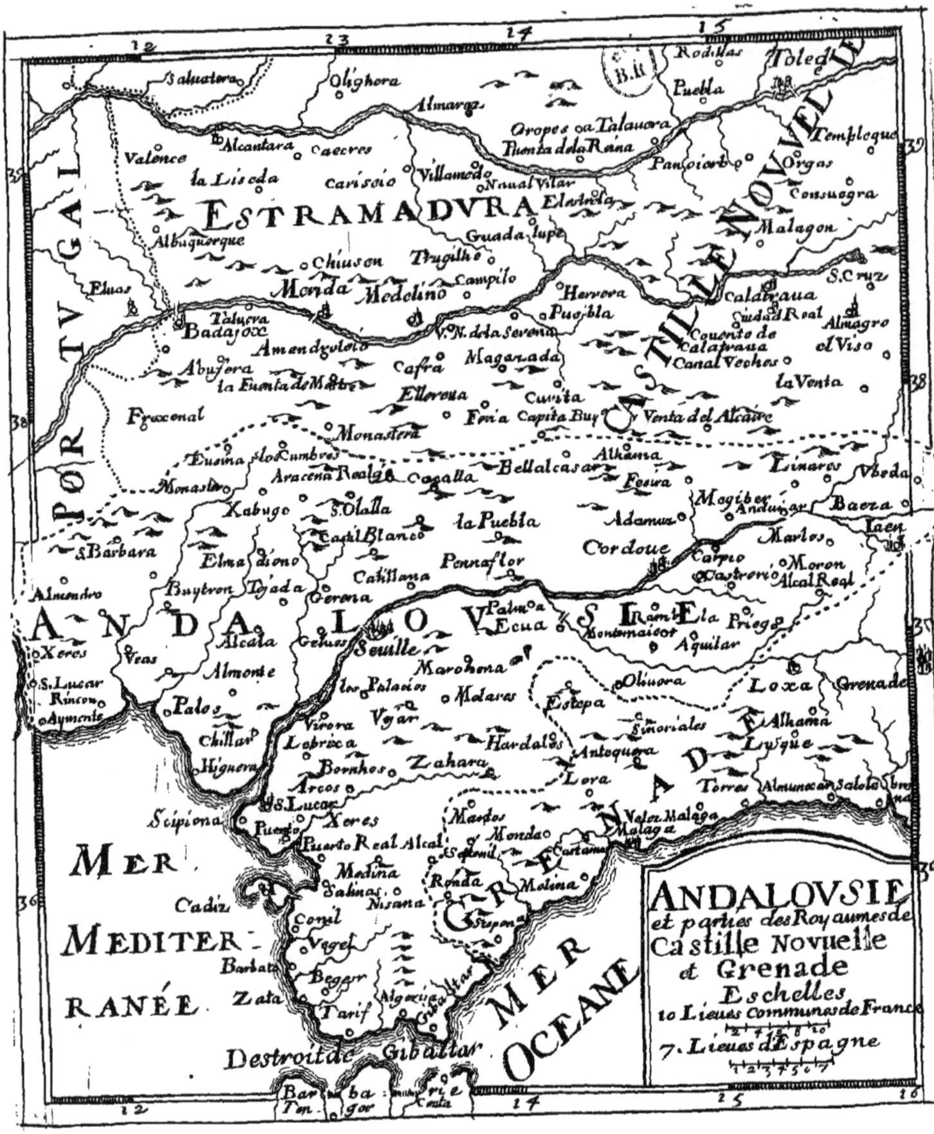

ANDALOVSIE
et parties des Royaumes de
Castille Nouvelle
et Grenade

Eschelles
10 Lieues Communes de France
7. Lieues d'Espagne

PORTVGAL
ESTRAMADVRA
CASTILLE NOVVELLE
ANDALOVSIE
GRENADE
MER MEDITERRANÉE
MER OCEANE
Destroit de Gibaltar

Saluatera, Olighora, Almaraz, Rodillas, Toled, Puebla, Oropes, Talauera, Puenta dela Reina, Templeque, Alcantara, Caecres, Valence, la Liseda, Carisoio, Villamedo, Naual Vilar, Panoiorbe, Orgas, Consuegra, Elalnela, Malagon, Albuquerque, Guada lupe, Chiusen, Trugilho, Campilo, Eluas, Merida, Medelino, Herrera, Puebla, Calatraua, S. Cruz, Talueva, Badajoxc, V. N. dela Serena, Ciudad Real, Almagro, Couento de Calatraua, el Viso, Amendgoleio, Abufera, Cafra, Magarada, Canal Veches, la Fuenta de Maitre, Ellereua, la Venta, Fruxenal, Curita, Feria, Capita Buy, Venta del Alcaire, Monastera, Eusina, los Cumbres, Bellalcasar, Alhama, Linares, Vbeda, Aracena, Reala, Cazalla, Fesura, Monastir, Mogiber, Anduiar, Baeza, Kabugo, S. Olalla, la Puebla, Adamuz, Iaen, S. Barbara, Castil Blanco, Cordoue, Marlos, Carpio, Elma, diono, Pennaflor, Castreno, Moron, Alcal Real, Almendro, Buytron, Tejada, Cantillana, Gerena, Palma, Ecua, Rambla, Priego, Montemaisot, Aquilar, Xeres, Alcala, Geluss, Seuille, Veas, Almonte, Marohena, S. Lucar, Rincon, Aymonte, Los Palacios, Malares, Estepa, Oliuora, Loxa, Grenade, Palos, Vijar, Simoriales, Alhama, Chillar, Virora, Lebrixa, Hardales, Antequera, Lusque, Higuera, Bornhos, Zahara, Lora, Arcos, Torres, Almunecar, Salobre, S. Lucar, Scipiona, Puerto, Xeres, Mardos, Monda, Velez Malaga, Malaga, Puerto Real, Alcal, Septenil, Cartama, Medina, Salinas, Ronda, Molina, Cadiz, Nisana, Conil, Stepona, Vegel, Barbata, Beger, Zata, Tarif, Algezira, Gibraltar, Barbarie, Tanger, Ceuta

12, 13, 14, 15, 16, 36, 37, 38, 39

VALENCE
MVRCIE
et partie des Royaumes de
Castille Nouuelle et
Grenade
10. lieues Communes de France
7. lieues d'Espagne
MER MEDITERRANEE
Golfe de Valence
Golfe de Alicante
CASTILLE NOUVELLE
ARAGON
GRENADE
Madrid
Pinto
Bayona
Zurita
Pliego
Torralua
Mexina
Albarazi
Teruel
Cabra
Cantauicia
Miramblel
Benafaca
Morella
Traguera
Benicalo
V. Noua
Lucena
Peniscola
Tarancon
Veles
Cuenca
Alcala
Moya
Segorbe
Villar
Liria
Castello
Puenta
Requena
Alarcon
Siella
Paterna
V. Roblido
el Pedroso
la Rueda
Pesquera
Bunnol
Cofrentes
Valence
Almagro
Villar
la Guineta
Millares
Cullera
Sueca
Alzira
Gandia
Boulllo
Manriques
el Villar
Albacete
Chinchila
Almansa
Xatiua
Villena
Duennas
Tolosa
Caslona
Yella
Hontanent
Lorca
Denia
Sillа
Xabea
C. Segura
Biar
Monfort
Xixona
Bilche
Vbeda
Calasparta
Cieca
Aspe
Alicante
Elche
Vente
Cruz
Fauenilla
Taen
Cazorla
Huesca
Lorqui
Murcie
Oriuella
Monteiar
Velez
Lorca Ventri
Guardamar
Guadix
Baza
Lebrilla
Cantanlle
Barchul
cartagene
Grenade
Finana
Almacarea
Norca
Albolodui
Portilla
Andarax
Porcena
Muxacr
Orgiua
Alhamala
Veria
Dalcas
Adra
Birria
Almeria
C. de Grin aldo
Belicena
16
17
18
19
20
36
37
38

CATALOGNE
ROVSSILLON
et les Isles
MAIORQVE
MINORQVE et
IVICA
Eschelle
10 Lieues communes de France
7 Lieues d'Espagne
MER MEDITERRANÉE
MER DE CATALOGNE
ARRAGON
CATALOGNE
ROVSSILLON
Perpignan
Leucate
Collioure
Roses
Cadaques
Ampurias
Girone
Vich
Barcelone
Tarragone
Tortose
Lerida
Balaguer
Fraga
Solsone
Cardone
Manrese
Monserat
Puycerda
Carol
Villa Franca
Arles
Elna
Ripol
Palamos
Blanes
Mataro
Ampolla I.
Alfaches I.
Mont Colibre
MINORQVE
MAIORQVE
IVICA
Maiorque
Formentore
Cabrara I.
Dragonora I.
Andracio
Palomera
Solari
Alcudia
Dilla
Cap Martin
Coste de Valence
s. Hilano
Magno
s. Caterina
Citadella
Mahon
20
21
22
23
24
38
39
41
42

ARRAGON
et
NAVARRE
Eschelles
20. Lieues communes de France
7. Lieues d'Espagne
1 2 3 4 5 6 7
BISCAIE
FRONTIERES DE FRANCE
NAVARRE
CASTILLE
ARRAGON
CATALOGNE
VALENCE
MER MEDITERRANEE
Tolosa
Pampelune
Estella
Tudela
Taraçona
Calahorra
Iaca
Huesca
Balbastro
Saragoce
Lerida
Fraga
Daroca
Teruel
Tortosa
Siguenca
Molina
Tauste
Calatayud
Alcaniz
Caspe

ITALIE

Il y a peu de pais qui ait receu de noms si divers comme l'Italie, souvent les souverains et quelquefois ceux qui s'y sont trouvé les plus puissants luy ont donné le leur tous les autheurs qui en ont écrit la representent comme le Jardin de l'Europe et comme le plus beau, le meilleur, et le plus agreable et le plus delicieux pais du Monde, son assiette dans le milieu de la Zone Temperée luy cause tous ces auantages, Elle se trouue entre le Golfe de Venise qui a porté le nom de Mer Adriatique, la mer Thyriene ou de Toscane, et la mer Ionienne, Toutes ces mers sont partie de la Mer Mediterranée, Sans nous arrester a vn grand nombre de diuisions qu'a receu l'Italie a differants temps, nous la pouuons considerer en trois grandes Parties Haute moienne et Basse, la Haute est a plus pres la Lombardie, l'on y voit aujourd'huy les Estats de Piemont, Montferrat, Genes, Milan, Parme, Modene Mantoue Venise et Trente, l'Italie du milieu contient l'Estat Ecclesiastique, le Grand Duché de Toscane et la Republique de Lucques, la Basse Italie est le Royaume de Naples auec vne ville capitale du mesme nom au Roy d'Espagne les Isles proche d'Italie font vne quatriesme

Par le S.r du Val Geog. du Roy.

partie la Sicile ou est Palerme, la Sardaigne ou est Callari et l'Isle de Corse ou est la Bastie Cette derniere appartient aux Genois et les deux autres aux Espagnols.

Le Piemont appartient au Duc de Sauoie sa capitale est Turin, Cazal dans le Montferrat est au Duc de Mantoue, Genes est vne Republique de mesme que Venise et Lucques, Milan est Roy Catholique, Parme, Modene, et Mantoue ont chacune leur Duc, Trente est a son Euesque. La premiere Ville de tout l'Estat Ecclesiastique, de toute l'Italie et autrefois du Monde est Rome. Florence est le sejour du Grand Duc Il faut scauoir que tous ces Estats d'Italie releuent ou de l'Eglise ou de l'Empire si ce n'est Venise qui est Republique Independante, Il y a vn grand nombre d'autres Principautes dont j'ai fait vn traite particulier.

de Fer Excu auec Priuile du Roy

ITALIE CORSE SARDAIGNE
et Prouinces adiacentes
ALLEMAGNE
SCLAVONIE
CROATIE
DALMATIE
TVRQVIE d'EVROPE
FRANCE
GOLFE DE VENISE
LIGVSTIQVE
MER TOSCANE ou THYRRENE
MER IONIENE
Corse
Sardaigne
Sicile
PAR DE L'ALBANIE
PAR DE L'EPIRE
Lieues d'Italie
Lieues d'Allemagne

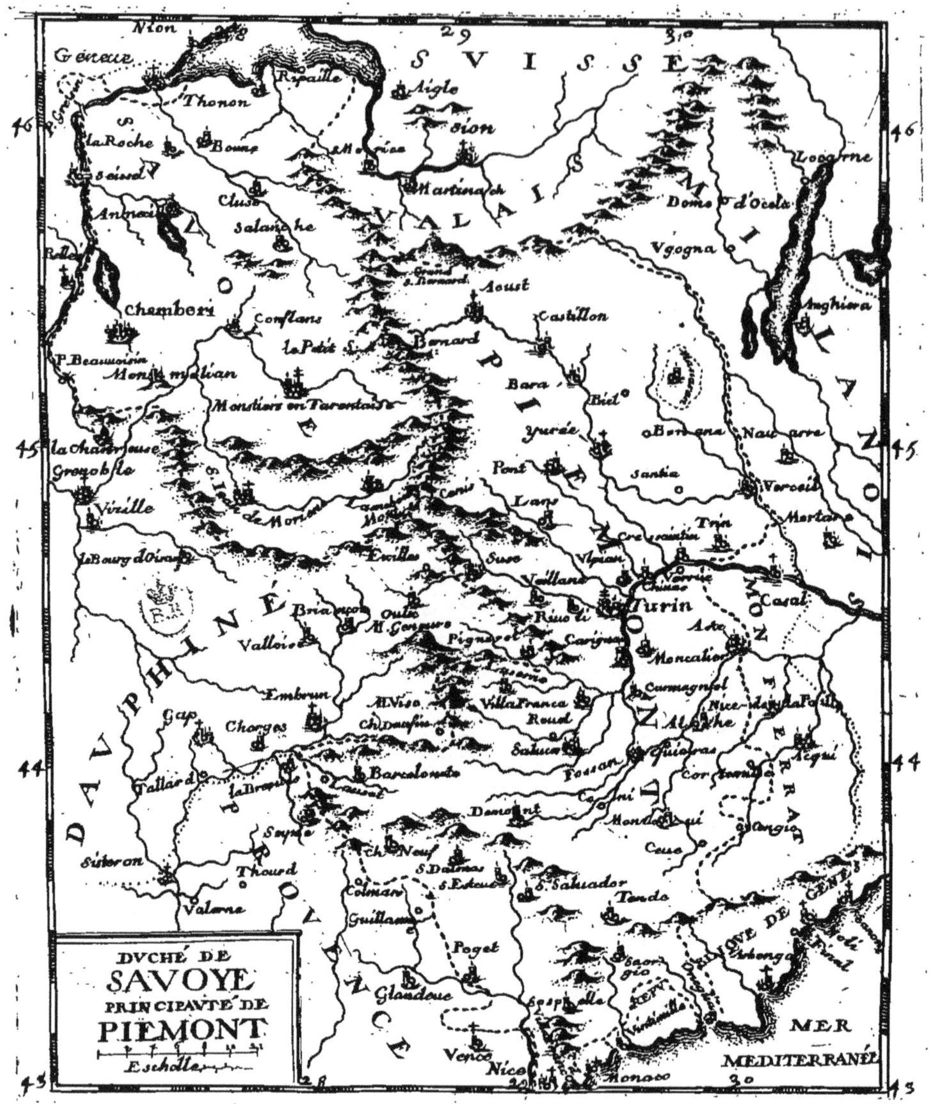
DVCHÉ DE
SAVOYE
PRINCIPAVTÉ DE
PIEMONT
Eschelle
SVISSE
VALAIS
DAVPHINÉ
PROVENCE
MER
MEDITERRANÉE
Geneue
Nion
Thonon
Ripaille
Aigle
Sion
la Roche
Cluse
Salanche
Chamberi
Conflans
Aoust
Castillon
Monstiers en Tarentaise
la Chartreuse
Grenoble
Vizille
le Bourg d'Oisans
Briançon
Valloise
Embrun
Gap
Chorges
Tallard
Sisteron
Thourd
Valerne
Barcelonette
Glandeue
Vence
Nice
Monaco
Tende
Demont
Saluces
Fossan
Carignan
Pignerol
Turin
Verceil
Mortare
Trin
Casal
Moncalier
Carmagnol
Acqui
Ceue
Albenga
Locarne
Anghiera
Nauarre
Yurée
Suse
Lans
Pont
Exilles
Seyne
Colmars
Guillaume
Poget
Sospelle
Saorgio
Bard
Biel
Santia
Crescentin
Veillane
Riuoli
Cherasco
Querasque
Mondeui
Coni
Vgogna
Domo d'Ocela
Martinach
S. Bernard
Bernard
Fenestrelles
29
30
28
46
45
44
43

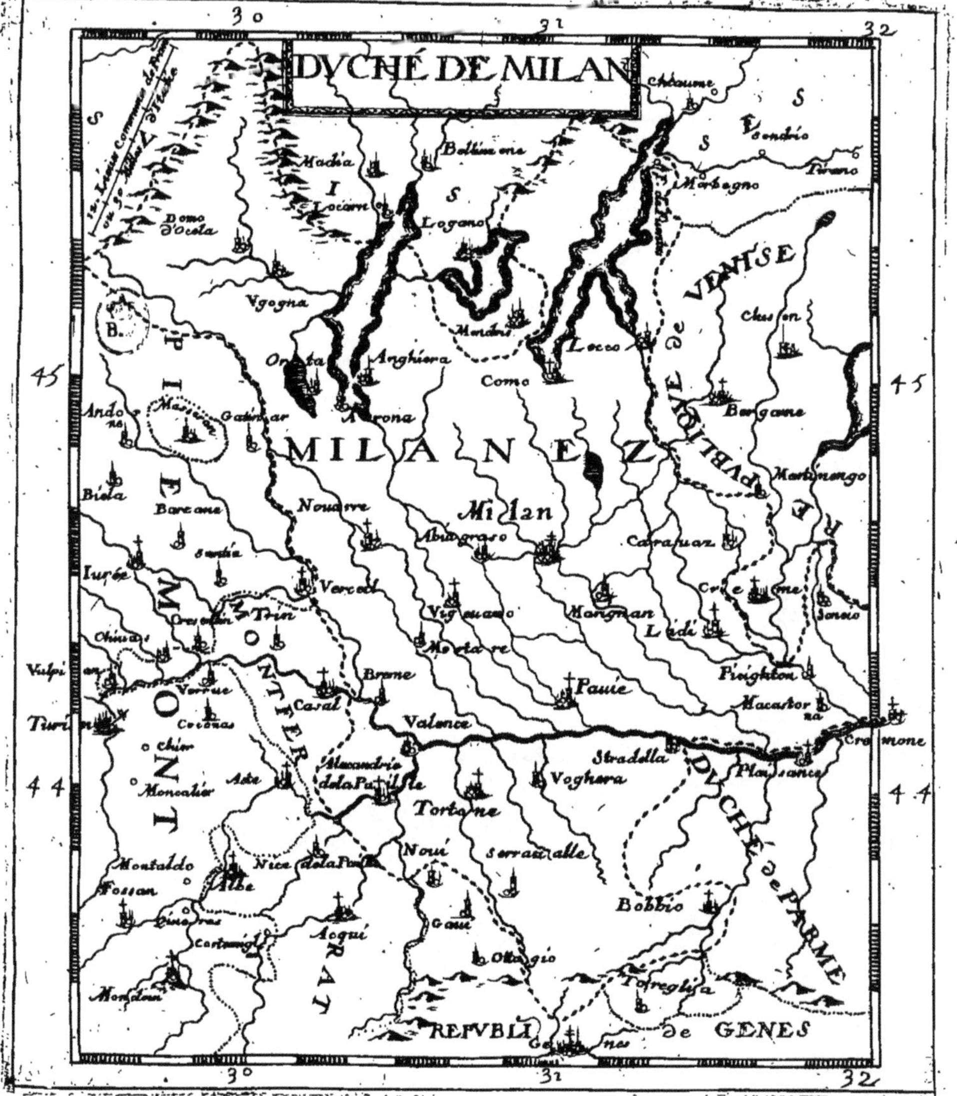
DVCHÉ DE MILAN
MILANEZ
Milan
Como
Lecco
Bergame
Novarre
Vercel
Pauie
Valence
Casal
Tortone
Voghera
Stradella
Plaisance
Cremone
Bobbio
Turin
Chier
Moncalier
Aste
Albe
Acqui
Ottagio
Mondeui
Fossan
Montaldo
Biela
Iurée
Trin
Brone
Vigeuano
Mortare
Abbiagraso
Mongnan
Lodi
Caravaz
Crema
Pisighiton
Martinengo
Bellinzone
Logano
Locarno
Anghiera
Arona
Vgogna
Domo d'Ocela
Chiavenne
Sondrio
Tirano
Morbegno
VENISE
REPVBLIQVE de VENISE
DVCHÉ de PARME
REPVBLI de GENES
Genes
PIEMONT
MONTFERRAT
45
44
30
31
32

DVCHÉS DE
MANTOVE
PARME PLAISANCE et
MODENE Republique de Luque
Principaute de Masse &c.
REPVBLIQVE de VENISE
Mantoue
DVCHÉ de MANTOVE
MILANEZ
DVCHÉS de PARME et PLAISANCE
DVCHÉ de MODENE
ESTAT de L'EGLISE
REPVBLIQVE de GENES
REPVBLIQVE de LVQVE
ESTAT du GRAND DVC de TOSCANE
MER MEDITERRANÉE
Lodi
Crema
Orcinow
Sonano
Asola
Goito
Gouernolo
Cremone
Casal Maggiore
Gonzague
Guastale
Carpi
Final
Plaisance
Busseto
Parme
Regio
Modene
Bobbio
La Ferrera
Rossena
Pantana
Nigano
Medola
Rapallo
Lagne
Brugna
Sestri
Lespece
Sarsane
Pistoie
Pedra Santa
Luque
Viaregio
32
33
44
43

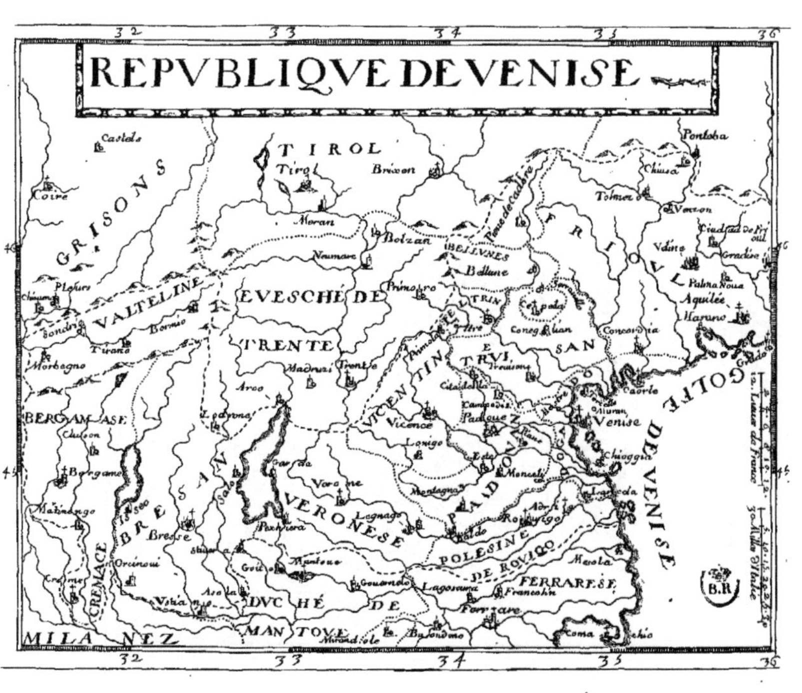
REPVBLIQVE DE VENISE

LES ESTATS de L'EGLISE et
du GRAND DVC de TOSCANE
Milles d'Italie
Lieues de France
GOL
FE DE VENISE
DVCHE DE MODENE
BOLOGNESE
ROMAGNE
FLORENTIN
TOSCANE
DVCHE D'VRBIN
MARCHE
D'ANCONE
OMBRIE
TERRE SABINE
ORVIETAN
PATRI
S. PIERRE
CAM
de ROME
ROYAVME
NAPLES
MER MEDITERRANÉE
Bologne
Modene
Florence
Pise
Luque
Ligourne
Sienne
Rome
Pesaro
Ancone
Rauenne
Forli
Imola
Urbin
Pistoia
Arezzo
Cortona
Perouse
Assisi
Spoleto
Terni
Viterbe
Tiuoli
Albano
Ostia
Terracina
Fondi
Orbitello
Porto Hercole
I. d'Elba
Portolongon
I. Giglio
I. Pianosa
Piombino
Piombino
Volterra
Empoli
Pratolin
Nocera
Foligni
Narni
Norcia
Rieti
Ascoli
Macerata
Fermo
Osimo
Iesi
Recanati
Tolentino
Camerino
Fabriano
Eugubio
Durant
Borgo
Bracciano
Ciuita Vechia
Porto
Frascati
Palestrina
Segni
Velletri
Comachio
Ferrare
Gonzaga
Mirandola
Cesena
Rimini

ROYAUME de NAPLES
30 Milles d'Italie
12 Lieues Communes de France
GOLFE DE VENISE
MER MEDITERRANÉE
GOLFE DE TARANTE
ISLES DE LIPARA
TERRE DE BARRI
BASILICATE
Manfredonia
Foggia
Termoli
Brindisi
Tarente
Otrante
Gallipoli
Leuca
Cotrone
Rosano
Tropea
Strongoli
Lustica
Salina
Palmaria
Panaria
Vulcano
Aquila
Lucera
Troia
Monopoli
Polignano
Barri
Matera
Policastro
Capri

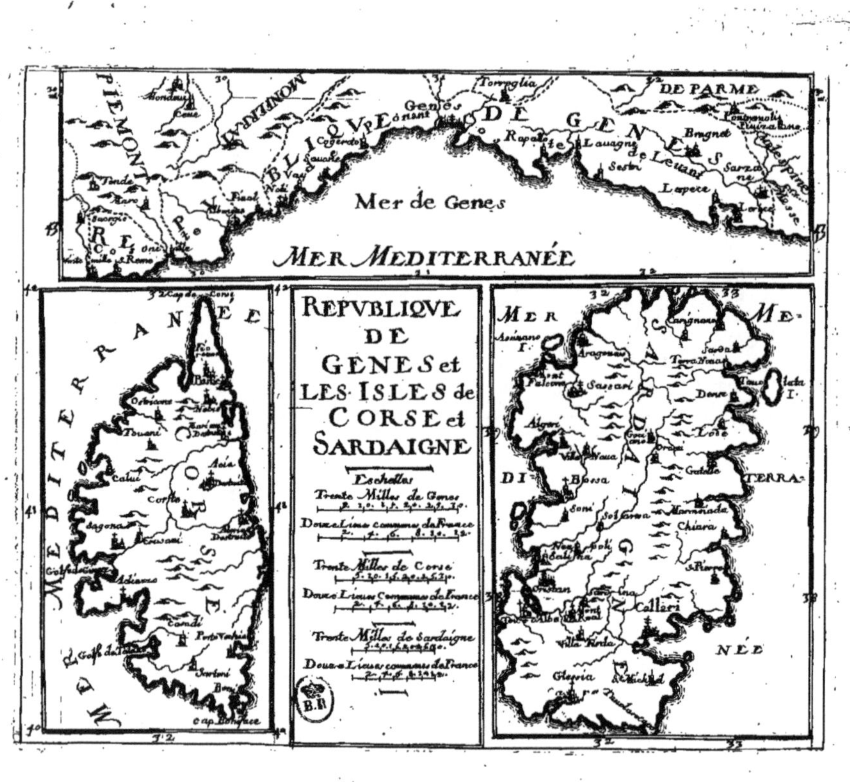
REPUBLIQUE DE GENES et LES ISLES de CORSE et SARDAIGNE
Eschelles
Trente Milles de Genes
Douze Lieues communes de France
Trente Milles de Corse
Douze Lieues Communes de France
Trente Milles de Sardaigne
Douze Lieues communes de France
Mer de Genes
MER MEDITERRANÉE
PIEMONT
MONFERRAT
REPUBLIQUE DE GENES
DE PARME
Genes
Torreglia
Rapallo
Lauagne
Sestri
Brugnet
Sarzane
Lerice
Mer de Leuant
Tende
Saona
Vado
Final
Albengua
S. Remo
MEDITERRANÉE
CORSE
Cap de Corse
Bastia
Calui
Corte
Sagona
Aiaccio
Porto Vecchio
Sartené
Cap Bonifacce
MER MEDITERRANÉE
SARDAIGNE
Sassari
Algeri
Bossa
Oristan
Callari
Villa Nova
Terra Noua
Orosei
Chiara
Glesia
B.N.

ISLE DE
SICILE
MER MEDITERRANÉE
MER DE SICILE
VAL DI MAZARA
VAL DI DEMONA
VAL DI NOTO
Canal de Malthe
ISLE DE MALTHE
La Valette
CALABRE
Echelles
30 Milles d'Italie
12 Lieues communes de France
Palermo
Montreal
Mazara
Messine
Milazzo
Faro
Taormina
Catania
Noto
Siracousa
Alicata
Terranova
Girgenti

L'EMPIRE DV TVRC.

Turquie est le nom General sous lequel sont connus tous les Pais du Grand Seigneur, On y compte 35. Beglierbeyats ou Gouuernements Generaux qui comprennent plusieurs Gouuernemẽt particuliers dont les Gouuerneurs sont appellés Sangiac, Beys et quelquefois Bachas Le Costé gauche est estimé le plus honorable en Turquie, si ce n'est parmi les Gens de Loy, le premier Empereur des Turcs a esté Ottoman ses Successeurs ont esté en nombre de 23 leur premiere residence a esté dans Burse en Natolie, dans Andrinople en Romanie, et enfin a Constantinople, Toutes les Prouinces de ce grand Empire ne sont pas bien peuplees . la Guerre et la Peste y emportent vn grand nombre d'Hommes, La Religion est celle de Mahomet, Il n'y a pas d'autres Gentilhommes que les Officiers du Grand Seigneur la Turquie s'estend en Europe, en Asie et en Afrique. La Turquie en Europe comprend particulierment la Grece, la Grande Esclauonie, la Bulgarie et la Romanie, la Grece a esté plus celebre autrefois qu'auiourdhuy la Grande Esclauonie renferme quelques autres Pais, l'Esclauonie entre le Saue et le

Par le Sr du Val Geog. du Roy.

Draue, la Croatie. et la Dalmatie, ces trois prouinces appartienent en partie a l'Autriche. les Venitiens ont la plus grande partie de la Coste de la Dalmatie ou se trouue pareillement la petite Republique de Raguse tributaire du Turc; la Bulgarie a pour Ville Capitale Sophie, la Romanie a Constantinople la capitale de tout l'Empire en la plus belle assiette du Monde,

la Turquie d'Asie consiste en quatre grands Païs Anatolie, Turcomanie, Sourie et Diarbech. Ces pais correspondent a l'Asie Mineure, a l'Armenie, a la Syrie, et à l'Assyrie. Burse, Alepp, Bagdet en sont aujourdhuy les meilleures Villes, la Turquie d'Afrique est l'Egypte et la partie de Barbarie ou sont les Roiaumes d'Alger, Tunis, Tripoli et Barca .

de Fer Excu auec Priuilege du Roy.

L'EMPIRE
DES TVRCS
TARTARIÆ PARS
MER CASPIE
OV DE BACHV
PONT EVXIN
NATOLIE
ARMENIE
MEDIA
PARTIE DE LA PERSE
MER MEDITERRANE
Candie
Cypre
Morée
Malte
Barbarie
LIBYE DESERT
PARTIE DAFRIQVE
Garamantes
Milliers Germanique
Milliers d'Italie
ARABIE DESERTE
Petrée
AYAMAN
ARABIE Heureuse
MER ROVGE
Golfe de Per
PARTIE DE LOCEAN INDIQVE
EGYPTE
DAFILE
Partie de Nubie
Venise
MOLDAVIE
WALACHIE
Palermo
Sicile
Corfu
Cefelonie
Scarpanto
Rhode
Sidon
Damiete
Alexandrie
Bello
Omor
Garaga
Dongala
Mecca
Aden
Zibith
Bahau
Astracan
Tauris
Bagadet
Mesopotamie
Diarbech
Caramania
Aleppo
35

HONGRIE

Les Huns ont donné le Nom a ce Pais que l'on diuise d'ordinaire en deux parties Haute et Basse celle ci au midi celle la au Septentrion et au leuãt du Danube, la forme de Hongrie est a plus pres quarrée en y comprenant la Sclauonie qui est entre le Saue et le Draue. la Terre y est beaucoup fertile et rend extraordinairement plus qu'vn aut. Elle a de belles plaines ou l'on recueille des bleds en quantité et d'excellents Vins; les autres cõmodités de la vie s'y rencontrent abondament.

Plusieurs belles Riuieres contribuent a cette abondance, le Danube entr'autres mene ses eauex par le beau milieu du Pais, il a plus d'eau que le Nil. et a pres plus de 600 lieues de cours, il se rend en la mer Noire par sept embouchures. le Teyss ou Tibisc est tout a fait Hongrois en sa source, en son cours et en son embouchure: il est extraordinairement poissoneux et capable de porter batteau a trois lieues de sa source. la langue du Pais est toute particuliere. les seuls masles y heritent et s'ils meurent sans enfans masles, leurs fiefs mouuans du Royaume, sont acquis au Roy. On y fait estat de plus de 30. mille Catholiques Romains. les Cavaliers y sont appellés Hussars

Par le S.r du Val Geog. du Roy

et les Fantassins Heiduques. toute la Hongrie a esté diuisée en cinquante ou soixante Comtés. les Turcs en possedent aujourd huy les deux tiers, le reste est a la maison d'Austriche qui fait elire quelque Prince de sa maison. Bude est la capitale de ce qui est au Turc le sejour d'vn Beglierbey, de mesme qu'Agrie, Temsivar, et Kanise qui sont beaucoup fortes. Albe-roiale a esté le lieu du Courõnement des Rois de Hõgrie. Gran ou Strigonie et Colocza ont eu titre d'Archeuesches. Presbourg est a la maison d'Austriche, son assiette est sur la pante d'vne montagne au sommet de la quelle est le chaũ de forme quarrée basti a neuf par l'Empereur Ferdinand II. Komorre et Raab ou Iauarin sõt deux puissants boulevards a la Chrestienté. Komorre est toute enfermée des eaus du Danube et ne peut estre assiegée que par trois armées. Iauarin est dans vne plaine a perte de veüe, elle est defendüe d'vn bras du Danube et de la Riuiere de Raab qui lui donne son nom.

de Fer Excu auec Priuilege du Roy

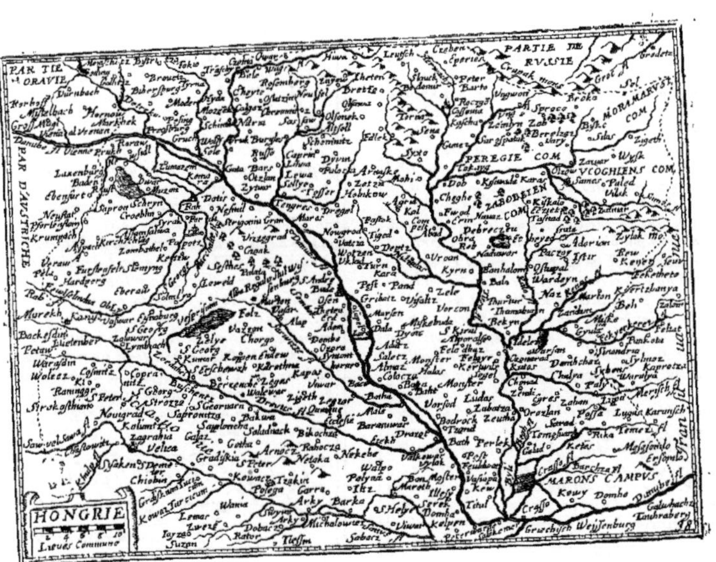
HONGRIE
Lieues Communes
PARTIE DE RVSSIE
PAR D'AVSTRICHE
PAR TIE ORAVIE
MORAMARVS COM
PEREGIE COM
VCOGHIENS COM
ZABODIEN COM
MARONS CAMPVS
Danube fl
Transilvanie
18

GRECE.

La Grece estoit autrefois pleine de Bonnes Villes et elle est aujou'dhuy toute desolée de mesme que les autres prouinces de la domination du Turc. elle a seulement quelques places considerables sur la mer, les plus fortes y pouroient a peine tenir contre vne armée mediocre. ce qu'elles ont de fortifications est seulemt pour se garantir des courses des galeres d'espagne d'Italie et de Malthe. le grand Seigneur en retire des forces qui depuis vn long temps ont esté redoutables aux Princes Chrestiens. quant a ce qui est de la Religion les Grecs sont presque tous Schismatiques. le Nom de Grece a autrefois esté porté en Italie et en Asie mineu avec les colonies que les anciens Grecs y ont enuoié comme en plusieurs autres pais qui se trouuent sur la mer mediterranée. Ces anciens Grecs ont eu l'auantage de l'excellence de l'esprit et de la grandeur de courage sur les autres nations. Ils ont donné l'acroissement et la perfection a la plus part des Sciences et des arts. On y conte aujourd'huy six prouinces sans les Isles. macedoine, albanie, epire, thessolie, achaie, et morée ou peloponese. les Turcs leur donnent d'autres noms et ils les font toutes passer sous le nom de Romeli.

Par le S.r du Val Geogr. du Roy

La Macedoine a esté la patrie d'Alexandre le Gr. qui a establi la troisiesme grande Monarchie. Thessalonique y est la plus cōsiderable ville et donne son nom a vn golfe voisin l'Albanie est renomée pour sa bonne Caualerie: la Valonne y a le meilleur port de tout le pais. Croia a mis au jour Scanderbeg le fleau de l'Empire ottoman l'Empire a les villes de larta et preueza; celle ci est l'anciēne Nicopolis qui fut bastie par auguste en memoire de sa victoire sur Marc Antoine et Cleopatre. la Thessalie a eu Larissa entre les meilleures villes, aujourdhuy l'armiro est assez considerable a cause du voisinage de la mer l'achaie n'a pas eu de meilleures villes qu'athone aujourdhui toute en ruines, lepante a esté connue dans le Siecle precedent par la grande victoire des Chrestiens sur les Turcs qui perdirent 189. galeres en cette battaille et plus de trente mille hommes; 12 mille Chrestiens y furent mis en liberté.

de Fer Execu avec Privilege du Roy 36

GRECE
GOLFE DE VENISE
MER MEDITER: RANEE
MER DE L'ARCHI: PELAGUE
PARTIE D'ASIE
Lieues d'Italie
Golfe de Lodrin
Cefalonie
Zante
Golfe de monte Santo
Golfe de Salonique
Mer Nicarie
Metelene
Smyrne
Coron
Modon

MOREE.

Cette Prouince a autrefois esté appellée Peloponese, et le nom de Morée luy a esté doñé a ce que lon dit a cause de la quantité de ses meuriers elle ressemble a une fueille de chesne pour la quantité de ses Golfes et de ses Promontoires, elle est jointe au reste de la Grece vers le Septentrion par un Isthme denuiron quarante Stade ou 6000 Pas que Demetrius, Jules Cesar, Caligula, Neron et autres ont en vain tasché de fossoier pour communiquer la Mer Egée a celle de Sicile, de la est venu le prouerbe latin fodere Isthmum pour une entreprise qui ne doit pas reussir quelques princes Greqes redoutans le voisinage du Turc y ont dressé une muraille quils appellerent Hexamilon mais elle fut abbatue d'Amurath II et les Venitiens laians redressée lan 1543 elle fut pareillement ruinée par Mehemet II les Jeux Isthmiques bien fameux dans la Grece ont emprunté leur nom de ceste Isthme, la Guerre du Peloponese qui dura 27 ans entre les Lacedemoniens et les Atheniens assistés chacun de leurs alliés est beaucoup celebre dans lantiquité et bien descrite dans Thucidide. Entre les places plus renommés de cette Prouince Corinthe a esté nomée la Riche par les anciens son assiette la fait estimer le marché de la Grece et ses anciens habitans ont esté les premiers inuenteurs des Galeres Grecques ell'a esté brulée par les Ro-

Par le S.r du Val Geog du Roy.

mains et du meslange de ses metaux il en est sorti ce precieux monstre qui en a retenu le nom de Cuiure de Corinthe, Sicyon a doñé son nom a un des plus ancians Roiãmes du Monde Patras est le lieu ou S. André a souffert le Martyre, Olimpia dite Pisa a esté connue pour le Temple, pour l'Oracle et pour la Statue de Jupiter Olympien l'une des Sept merueilles du Monde, coé aussi pour les Olimpiades qui se contoie[nt] de 4 en 4 ans en suitte de la celebration des Jeux Olympiques, Messine a eu les plus belles murailles de toute la Grece, Maina est une petite Republique dont les habitans ont conserué leur liberte a la faueur des montagnes. Napoli de Maluasie et Napoli de Romanie font un grand commerce a cause de leur assiettes fauorables, Au dedans du Pais il y a Argos, Mycene, Megalopolis et plusieurs autres plus connues autrefois quaujourdhuy. mais il n'en a pas de plus renommée que Lacedemone ou Sparte aujourdhuy Misitra, ses peuples ont tousiours esté en estime de tuer leurs Ennemis ou d'estre tués eux mesmes, leur puissance a esté grande sur terre, Ils ont pour quelque temps esté maistre de la plus grande partie de la Grece apres quils eurent vaincu les Atheniens.

MOREE jadis PELOPONESE
Septentr
Midy
Occident
Orient
Golfe de Lepante
Golfe d'Engia
MER DE L'ARCHI PELAGUE
Golfe de Napoli
Golfe de l'Arcadie
Golfe de Coron
Golfe de Colochina
MER MEDITERRANEE
Lieues d'Italie
50 100
Colombo
Curzolari
Olenus
Papa
C Chiarenza
Chiarenza
C Tornese
Phea
Gurgulia
Prodeno
Sapienza
Caprera
S Venetico
C Matapan
C Galo
C Cormi
C Sparti
C Lindo
Athene
Piro
Thurium
Munichia
Megra
Engia
Schilla
Damala
Calauria
Speria
C Schilli
Sidra
Pezzi
Bella pola
Napoli de Malvasia
Cipuria
Stella
Laprici
Sacania
Tomenaum
Napoli vecchio
Argo
Mycene
Corinthe
Sycion
Lechee
Lepante
Panormus
Lycuria
Alea
Iria
Aracona
Chili
Ceres
Longanico
Leondari
Belvedere
Arcadie
Phare
Tripoli
Modon
Coron
Chalamata
Misitra
Laconica
Lacedemon
Vasilico
Boca
Ormons
Betona
Nicea
Picera
Bomona
Tenaro
Mistra
47
48
49
50
51
35
36
37

SOLI DEO HONOR ET GLORIA
EX LIBRIS R. P. PLACIDI A Sta HELENA AUG. DISC. GAL. REGIS GEOGRAPHI.
BIBLIOTHEQUE ROYALE
1

ISLE DE CANDIE &c.

Candie autrefois Crete abien eu Cent villes et aiourd'huy il luy en resteapeine quatre qui soient de consideration Elle est renommeé dans l'Histoire ancienne pour le Rauissement d'Europe, pour les amours de Pasiphaë et d'Ariadne, pour la Cruauté de Minotaure pour la demeure et Sepulture de Juppiter, pour le Iugementz de Minos et pour ses bons archers: elle a eu le Labirinthe de Dedale dautant plus Considerable qu'il n'y en auoit que quatre en tout l'estendue de l'empire Romain les trois autres estans en Egipte, a Chiusi en Toscane et en l'isle de Lemnos aujourd'huy Stalimene dans Larchipel, Ceste Isle a titre de Royaume des appartenances de la Republique de Venise son terroir en trautres chose fournit d'excellent Vins, son assiette a l'entrée de Larchipel a la veue de l'Europe de l'Asie et de l'Afrique a obligé autrefois Aristote d'y metre le Siege de l'empire Vniuersel et fait aujourdhuy qu'elle est autant enuiée comme elle est a la bien seance du Turc toute l'Isle est diuisée en qutre quartiers ou Territoires Caneá, Rettimo, Candia, et Sittia, la Ville Capitale et Metropolitaine est Candie sur la Coste Septemtrionale, elle a de nostre temps soustenu glorieusement

Par le S.r du Val Geog. du Roy.

un siege que les Turcs y ont continué plus de dix ans la Canée et Rettimo ont esté prises par les Turc. Suda est une des meilleures forteresses de toute l'Isle, Sfachia est connu par ses habitans qui sont les plus braues de touts les Candiots. Corfu, Cefalonie et Zante sont trois Isles au Couchant de la Grece qui appartiennent aux Venitiens, l'Isle de Corfu fournit les meilleures huiles du Monde Ses Chasteaux qui sont l'un sur l'autre passent pour les Meilleures forteresses de l'Europe, aussi ne craignet ils pas les menaces de leurs ennemis. les Isles de Milo, Nisia, Santorini, Scarpanto et vn grand nombre d'autres sont en Larchipel entre les mains des Turcs mais les Venitiens y vont souuent faire des Esclaues pour leurs Galeres, les foibles garnisons qui se trouuent dans les Chaus n'estants pas capables de les empescher.

De Fer Excudit Auec priuilege du Roy

www.ingramcontent.com/pod-product-compliance
Ingram Content Group UK Ltd.
Pitfield, Milton Keynes, MK11 3LW, UK
UKHW020207200726
13856UKWH00003B/1242

9 782013 540759